中国志愿服务

China Volunteer Service

YIN LING XING DONG

银龄行动

U0886456

老年志愿服务手册

● 中国老龄协会 编著

中国文联出版社

图书在版编目（CIP）数据

老年志愿服务手册 / 中国老龄协会编著 . -- 北京：中国文联出版社，2023. 11

ISBN 978-7-5190-5360-4

Ⅰ . ①老… Ⅱ . ①中… Ⅲ . ①老年人—志愿—社会服务—中国—手册 Ⅳ . ① D669.6-62

中国国家版本馆 CIP 数据核字（2023）第 204411 号

编　　著 中国老龄协会
责任编辑 周　欣
责任校对 秀点校对
装帧设计 韩志青

出版发行 中国文联出版社有限公司
社　　址 北京市朝阳区农展馆南里 10 号　　　邮编　100125
电　　话 010-85923025（发行部）　010-85923091（总编室）
经　　销 全国新华书店等
印　　刷 明玺印务（廊坊）有限公司

开　　本 710 毫米 × 1000 毫米　1/16
印　　张 14.25
字　　数 165 千字
版　　次 2023 年 11 月第 1 版第 1 次印刷
定　　价 40.00 元

习近平总书记
2021 年 10 月
对老龄工作的重要指示

在中国传统节日重阳节来临之际，中共中央总书记、国家主席、中央军委主席习近平对老龄工作作出重要指示，代表党中央祝全国老年人健康长寿、生活幸福。

习近平指出，各级党委和政府要高度重视并切实做好老龄工作，贯彻落实积极应对人口老龄化国家战略，把积极老龄观、健康老龄化理念融入经济社会发展全过程，加大制度创新、政策供给、财政投入力度，健全完善老龄工作体系，强化基层力量配备，加快健全社会保障体系、养老服务体系、健康支撑体系。

习近平强调，要大力弘扬孝亲敬老传统美德，落实好老年优待政策，维护好老年人合法权益，发挥好老年人积极作用，让老年人共享改革发展成果、安享幸福晚年。

目 录

业务知识篇

法规政策篇

法规政策篇

业务知识篇

人口老龄化与我国老龄工作

1. 什么是人口老龄化？

联合国国际人口学会编著的《人口学词典》中对人口老龄化的定义为："当老年人在人口中的比例增大时，我们称之为人口老龄化。"人口老龄化有两种内涵：一是指老年人口相对增多，在总人口中所占比重越来越大，呈上升趋势；二是指社会人口结构已经呈现出老年态势，步入老龄化社会。

根据联合国在"老龄问题世界大会"上提出的标准：当一个国家或地区 60 岁及以上老年人口比重超过 10%，意味着这个国家或地区进入老龄化社会。目前，国际上对于老龄化社会老龄程度的判断标准如下：

老龄化程度	判断标准
轻度老龄化社会	当一个国家 60 岁以上人口在总人口中占比超过 10% 或 65 岁及以上人口在总人口中占比超过 7%，意味着这个国家开始进入老龄化社会
中度老龄化社会	当一个国家 60 岁以上人口在总人口中占比超过 20% 或 65 岁以上人口在总人口中占比超过 14%，意味着这个国家老龄化处于中等程度
重度老龄化社会	当一个国家 60 岁以上人口在总人口中占比超过 30% 或 65 岁以上人口在总人口中占比达到 20%，意味着这个国家的老龄化已经相当严重了

2. 人口老龄化有什么影响？

（1）认知领域革命。人们重新认识“老”等各个概念的内涵，重新思考老龄社会的理想形态，重新探讨养老、人生规划等积极应对策略。（2）人口领域革命。劳动年龄人口终将失去曾经的优势地位，只有超前谋划，开发老龄群体价值，盘活老龄群体资源才有出路。（3）经济领域革命。青年已经不是就业的主力，社会需要重新考量人口结构、就业结构对经济的推动作用，充分考虑科学技术与社会发展结合紧密，培育新兴企业，形成充满活力、可持续发展的新经济模式。（4）社会领域革命。在社会资源紧缺的情况下，需要协调好养老待遇与年轻人工资的冲突；针对人们缺少目标与生活动力不足问题，充分调动社会活力。

随着老龄化社会的发展，几乎所有社会领域都受其影响，包括劳动力和金融市场，对住房、交通和社会保障等商品和服务的需求，家庭结构和代际关系等。为适应与日俱增的老年人口，许多国家将可能面临与公共保健体系、养老金和社会保障相关的压力。老龄化社会的发展，还会对人们传统的观念造成冲击。长期以来，人类处于年轻社会，认为年轻人是整个社会结构中就业与创造财富的主力。而伴随老龄化的深化，这种趋势不仅仅从客观上影响社会生活，而且从主观层面引发了人们关于人类何去何从的思考。

3. 我国人口老龄化形势如何？

当前，是我国人口重度老龄化阶段的起步期。人口老龄化形势大致呈现三个特点：

（1）老年群体规模庞大。2023 年底，我国 60 岁及以上人口 2.96 亿，65 岁及以上人口 2.1 亿。预计 2033 年，老龄人口将突破 4 亿。预计我国老年人口规模将持续多年位居世界老年人口数量的首位。

（2）老龄化发展速度快，发展区域不平衡。我国人口老龄化的速度显著提升。2020—2023 年，我国 60 岁及以上人口占比上升了 2.4 个百分点，65 岁及以上人口占比上升了 1.9 个百分点。我国人口老龄化区域发展不平衡，呈现出城乡倒置的特征。其原因，一方面是因为农村人口生育率相对较高，人均预期寿命相对较低；另一方面是因为城镇化速度过快，导致大规模的农村劳动年龄人口流向城市。

（3）高龄化、空巢化问题日益凸显。从世界老龄化进程来看，我国高龄人口规模和发展速度是罕见的。第七次人口普查结果显示，80 岁以上人口达 3580 万人，比重达到 2.54%。高龄化的趋势会引发一些问题，诸如高龄老人会面临更严峻的健康问题，空巢老人和独居老人的增多也会弱化家庭养老功能。老年抚养比的大幅攀升，对于家庭或社会来说，养老负担在不断加重。

4. 人口老龄化给我国带来了什么影响?

经济方面：老年人在消费习惯、需求和方式等方面与年轻人不同，比如，大多数老年人并不追求着装的时尚与奢侈，也抵触厚酒肥肉的饮食习惯。老年人在居住和交通方面的消费也相对大打折扣。但老年人随着身体机能的衰弱，对社会服务的需求增加。因此，人口老龄化会带来消费结构的变化。此外，人口增速降低，人口负增长，消费者减少，会加剧消费降级现象。由于老年人对未来生活的不确定性加大，会有意识地增加储蓄，未雨绸缪，这在一定程度上会使得消费出现紧缩。

家庭方面：家庭养老功能弱化。“养儿防老”这一传统的养老观念和模式正在受到冲击。家庭经济压力加重，相当一部分年轻人在家庭照顾方面，受时间、精力、金钱的限制，有心无力。家庭结构和规模会发生改变，老年人家庭、独居家庭和空巢老年人家庭等高风险家庭结构增加，家庭规模趋向小型化、少子化的发展态势。

养老、医疗方面：人们对养老、医疗保障的需求日益加大，此时社会保障体系和医疗的供给能力会受到挑战。相关机构会面临一定的财务可持续性的难题。此外，养老保险基金收支失衡、家庭养老储备不足等问题，给社会保障制度的发展也带来了不小的压力。需要长期就医的老人显著增加，导致我国医疗卫生服务需求急剧增长。医疗卫生服务体系面临巨大改革。

5. 我国应对人口老龄化的主要方针政策有哪些?

（1）健全养老服务体系。以居家养老为基础，通过多途径提升社区养老服务能力。做好养老服务体系“补短板”的工作，保障老年人获得基本养老服务的权益，促进养老机构规范发展方面。针对不同老年困难群体，分别在养老、社会救助、照料等方面给予帮助。（2）完善老年人健康支撑体系。积极推进健康中国建设的长期规划，建立和完善包括健康教育、预防保健、疾病诊治、康复护理、长期照护、安宁疗护的综合、连续的老年健康服务体系。（3）促进老年人社会参与。培育积极老龄观，充分发挥老年人积极作用，保障和拓展老年人的社会参与。《中共中央　国务院关于加强新时代老龄工作的意见》提出，“将老年教育纳入终身教育体系，教育部门牵头研究制定老年教育发展政策举措，采取促进有条件的学校开展老年教育、支持社会力量举办老年大学（学校）等办法，推动扩大老年教育资源供给”。（4）着力构建老年友好型社会。《中共中央　国务院关于加强新时代老龄工作的意见》从“加强老年人权益保障”“打造老年宜居环境”“强化社会敬老”三方面提出相关举措。诸如注重老年人与其他年龄群体共融发展；鼓励老年人参与有关法律法规的制定、实施和监督等环节；弘扬敬老、养老、助老社会风尚等。（5）积极培育银发经济。《中共中央 国务院关于加强新时代老龄工作的意见》提出“加强规划引导”“发展适老产业”。经济发展以老年人需求为基点，发挥老龄产业，促进老年旅游、文化、体育、健康、金融、地产等细分产业共融发展。

6. 为什么要实施积极应对人口老龄化国家战略？

老龄化形势持续发展的必然需求。人口老龄化程度进一步加深，发达地区劳动年龄人口流入较多，造成了我国各地区人口老龄化程度与经济发展之间的不平衡，呈现出“未富先老”的整体特征。这种严峻的人口形势，迫切需要国家采取积极的应对人口老龄化的战略。

应对老龄化现实挑战的必然选择。经济进入中速增长阶段，与劳动年龄人口下降在时间点上具有高度一致性。人口老龄化带来社会保障支出的快速增加，人口老龄化正在对医疗费用支出产生越来越大的影响。人口老龄化带来养老服务需求快速增长，在养老服务需求方面，2010—2020 年，65 岁及以上老年人口的养老服务需求增长 60.4%，如果进一步考虑高龄化带来的结构效应和需求升级带来的乘数效应，养老服务需求增长更是爆发性的。

对老龄化长期影响的前瞻部署。实施积极应对人口老龄化国家战略，是践行党的初心使命、坚持以人民为中心的发展思想的重要体现，是党始终不渝的奋斗目标；是维护国家人口安全和社会和谐稳定、实现第二个百年奋斗目标的重要考量；是推动高质量发展、加快构建新发展格局的重要举措。积极应对人口老龄化战略有利于化危为机，积极转化老龄风险为“长寿红利”，有利于深入推进供给侧结构性改革，全面放开养老服务市场，催生银发经济新业态。

7. 实施积极应对人口老龄化国家战略有什么意义？

强力推动积极老龄化的实现。我国老龄化有“未富先老”的特点。有学者指出，相比“未富先老”，“未备先老”的问题更值得关注。随着老龄事业、养老问题在社会不断升温、舆论不断趋热，迫切需要从思想认识到政策制定、措施出台、运作实施的完善与规划。“实施积极应对人口老龄化国家战略”的顶层设计，改变了一些地方和部门的被动局面，在更高层次、更大范围、更宽领域强力推进老龄化社会的积极、健康发展。

有助于促进人口长期均衡发展和可持续发展。近年来，中国一直把促进人口均衡发展作为人口发展的重要目标，党的十八大报告就提出要“逐步完善政策，促进人口长期均衡发展”。党的十九大明确提出“促进人口长期均衡发展”。人口长期“可持续发展”一方面从横向上强调了人口与经济、社会、资源和环境的协调发展；另一方面从纵向上强调了代际公平和可持续性。

推动了经济社会的高质量发展。《中共中央关于制定国民经济和社会发展第十四个五年规划和二〇三五年远景目标的建议》强调要“以推动高质量发展为主题”。高质量发展，就是能够很好满足人民日益增长的美好生活需要的发展，是体现新发展理念的发展，是创新成为第一动力、协调成为内生特点、绿色成为普遍形态、开放成为必由之路、共享成为根本目的的发展。

8. 实施积极应对人口老龄化国家战略有哪些要求？

《“十四五”国家老龄事业发展和养老服务体系规划》中，关于积极应对人口老龄化国家战略的总体要求为：指导思想方面，以习近平新时代中国特色社会主义思想为指导，全面贯彻党的十九大精神，统筹推进“五位一体”总体布局，协调推进“四个全面”战略布局，坚持稳中求进工作总基调，立足新发展阶段，完整、准确、全面贯彻新发展理念，构建新发展格局，坚持党委领导、政府主导、社会参与、全民行动，实施积极应对人口老龄化国家战略，以加快完善社会保障、养老服务、健康支撑体系为重点，把积极老龄观、健康老龄化理念融入经济社会发展全过程，尽力而为、量力而行，深化改革、综合施策，加大制度创新、政策供给、财政投入力度，推动老龄事业和产业协同发展，在老有所养、老有所医、老有所为、老有所学、老有所乐上不断取得新进展，让老年人共享改革发展成果、安享幸福晚年。基本原则方面，坚持五大原则，分别为“系统谋划，整体推进”“以人为本，顺应趋势”“兜好底线，广泛普惠”“改革创新，扩大供给”“多方参与，共建共享”。

9. 实施积极应对人口老龄化国家战略有哪些具体内容？

《国家积极应对人口老龄化中长期规划》从五方面部署了具体工作任务：“一是夯实应对人口老龄化的社会财富储备。通过扩大总量、优化结构、提高效益，实现经济发展与人口老龄化相适应。通过完善国民收入分配体系，优化政府、企业、居民之间的分配格局，稳步增加养老财富储备。健全更加公平更可持续的社会保障制度，持续增进全体人民的福祉水平。二是改善人口老龄化背景下的劳动力有效供给。通过提高出生人口素质、提升新增劳动力质量、构建老有所学的终身学习体系，提高我国人力资源整体素质。推进人力资源开发利用，实现更高质量和更加充分就业，确保积极应对人口老龄化的人力资源总量足、素质高。三是打造高质量的为老服务和产品供给体系。积极推进健康中国建设，建立和完善包括健康教育、预防保健、疾病诊治、康复护理、长期照护、安宁疗护的综合、连续的老年健康服务体系。健全以居家为基础、社区为依托、机构充分发展、医养有机结合的多层次养老服务体系，多渠道、多领域扩大适老产品和服务供给，提升产品和服务质量。四是强化应对人口老龄化的科技创新能力。深入实施创新驱动发展战略，把技术创新作为积极应对人口老龄化的第一动力和战略支撑，全面提升国民经济产业体系智能化水平。提高老年服务科技化、信息化水平，加大老年健康科技支撑力度，加强老年辅助技术研发和应用。五是构建养老、孝老、敬老的社会环境。强化应对人口老龄化的法治环境，保障老年人合法权益。构建家庭支持体系，建设老年友好型社会，形成老年人、家庭、社会、政府共同参与的良好氛围。”

10.“十四五”时期实施积极应对人口老龄化国家战略的思路和任务是什么？

《中共中央关于制定国民经济和社会发展第十四个五年规划和二〇三五年远景目标的建议》中提出“实施积极应对人口老龄化国家战略”，战略任务包括：“制定人口长期发展战略，优化生育政策，增强生育政策包容性，提高优生优育服务水平，发展普惠托育服务体系，降低生育、养育、教育成本，促进人口长期均衡发展，提高人口素质。积极开发老龄人力资源，发展银发经济。推动养老事业和养老产业协同发展，健全基本养老服务体系，发展普惠型养老服务和互助性养老，支持家庭承担养老功能，培育养老新业态，构建居家社区机构相协调、医养康养相结合的养老服务体系，健全养老服务综合监管制度。”国家积极应对人口老龄化的老龄化战略思路和任务，是持续保持社会活力的根本策略；是创造“长寿红利”的关键路径；是做到老有所养的重要工程；是适应我国国情、顺应老龄化社会老年人意愿的必然选择。

11. 为什么要树立积极老龄观、健康老龄化理念？

积极老龄观和健康老龄化相辅相成。清楚理解并牢固树立积极老龄观有助于全社会正确认识人口老龄化现象、积极有效应对老龄化挑战并善于变挑战为机会，推动经济社会可持续发展。健康老龄化是积极老龄观的应有之义，是践行积极老龄观、实现积极老龄化的必要条件。

老年人退休之后，大多有强烈的积极参与社会生活的愿望，大量研究也表明，老年人主动参与有助于促进其身心健康。越是积极参与社会生活、有着终身学习观的老年人，其身心状态普遍越好。正如专家吴玉韶所说：“与养老院的床位相比，老年大学的座位是一种更经济、更实用、更积极的选择。”

还有很多老年人患有慢性病，而最好的生活方式并不是关注慢性病本身，而是在利用健康知识、科学膳食、正确医疗护理等方法稳定慢性病的基础上，做一些真正想做的事情。老年人积极参与社会，从社会参与中得到足够的幸福感和获得感，这种积极的老龄观本身也是一种健康老龄化的必然之路。

12. 什么是积极老龄观？

2002 年世界卫生组织出版的《积极老龄化政策框架》一书对积极老龄化的定义是：“最大限度地提高老年人健康、参与和保障的水平，确保所有人在老龄化过程中能够不断提升生活质量。”积极老龄化既是一种观念，又是一种战略。

从观念层面来说，积极老龄化在最大限度的提高老年人“健康、参与、保障”基础和前提下，促使所有人在老龄化过程中能够充分发挥自己体力、社会、精神等方面的潜能，保证所有人在老龄化过程中能够按照自己的权利、需求、爱好、能力参与社会活动，并得到充分的保护、照料和保障。积极老龄化既适用于个体，又适用于群体，它让人们认识到自己能够在这一生中发挥自己在体力、精力以及精神方面的潜力，按照自己的需求、愿望和能力去参与社会，而当他们需要帮助时，也会从群体中获得充分的保障、照料和帮助。

从战略层面来说，我国积极应对人口老龄化挑战，综合运用经济、法律和行政手段，不断推动老龄事业发展，基本建立了老龄法律政策制度体系，形成了“大老龄”的工作格局，营造了全社会尊老敬老助老的社会氛围，为我国科学应对人口老龄、科学解决老龄问题奠定了基础。

13. 什么是健康老龄化？

世界卫生组织在《关于老龄化与健康的全球报告》中，将健康老龄化定义为：“发展和维护老年健康生活所需要的功能和功能发挥的过程”，即健康老龄化就是老年人的功能和功能发挥。

我国学者指出，健康老龄化包含三方面内容：老年人个体健康，老年人生理、心理健康和良好的社会适应能力；老年人口群体健康，健康预期寿命的延长以及与社会整体相协调；人文环境健康，人口老龄化社会的社会氛围良好与发展持续、有序、合规律。

所谓健康老龄化，主要是指从生命全过程的角度，从生命早期开始，对所有影响健康的因素进行综合、系统的干预，营造有利于老年健康的社会支持和生活环境，以延长健康预期寿命，维护老年人的健康功能，提高老年人的健康水平。

14. 如何把积极老龄观、健康老龄化理念融入经济社会发展全过程？

积极看待老龄化以及老龄化社会，全面重新定义“老年”。不仅从年龄角度，更是要综合考虑生理年龄、身体功能、认知能力、心理健康等多方面因素。在全社会层面开展老龄化国情教育、政策法规教育，在国民教育、精神文明创建、文化产品创作和传播之中，对老龄化进行正能量的宣导与传播。

在社会经济政策方方面面渗透老龄化理念。推动公共政策与社会服务的“年龄平等”，消除经济社会生活中的“年龄歧视”现象。加快发展银发经济，加快老龄产业科技创新平台建设，推动养老服务与教育、医疗、健康、体育、文化、旅游等产业融合发展。

充分体现与发挥老年人的价值。建立起覆盖全年龄段的终身教育体系，基于各自技能需求及自我发展需要，为老年群体提供更加完善的教育支持、技能培训。同时，在教学形式、时空安排等方面进行有针对性的设计。积极扩大老年群体再就业规模，探寻适合老年人的灵活就业模式。

进一步完善养老和医疗保障制度。完善城镇职工基本养老保险和城乡居民基本养老保险制度，加快发展企业年金、个人储蓄性养老保险等。完善基本医疗保障制度，加快长期护理保障制度试点，推进异地住院就医费用直接结算。加强对老年人膳食的科学指导，强化老年人常见病和慢性病的医防协同。发挥中医药在老年人健康维持、疾病预防和治疗康复中的特殊功效。

15. 我国老龄工作面临的形势有哪些?

我国人口老龄化形势严峻。一是老年人口数量多，人口老龄化速度快。二是人口老龄化区域差异大。三是应对人口老龄化任务重。

老龄法律法规体系有待进一步健全。目前，老龄领域仅有一部《老年人权益保障法》，且有待进一步修订完善，配套法规建设也有待加强。

照护服务等供需矛盾较为突出。失能老年人对生活照料、医疗护理等需求旺盛，但养老服务基础仍比较薄弱，老年医学人才、护理人员短缺。

对老年人的社会关怀需持续加强。老年人生活配套设施总体上仍然不足，城市道路、公共交通工具等适老化改造力度需持续加大。各类老年大学间资源互通还不够充分。

老年人积极作用有待进一步发挥。低龄老年人力资源有待开发，保障老年人再就业的法规政策尚需完善。支持老年人开展志愿服务的措施需持续健全。

产业发展仍需加快推进。老龄产品研发相对滞后，老年用品和相关服务标准体系有待健全，金融、人力资源等方面支持政策有待完善，产业发展仍有很大空间。

老龄工作保障体系有待完善。与日益繁重的积极应对人口老龄化任务相比，我国基层老龄工作机构和人员还存在人手不足等短板，基层老年人社会组织建设仍需加强。

16. 现阶段我国老龄工作取得了哪些进展和成效?

在顶层设计层面，老龄化政策法规体系不断完善。中共中央、国务院先后印发《国家积极应对人口老龄化中长期规划》《关于加强新时代老龄工作的意见》，明确了新时代老龄工作的发展目标和重点任务。全国人大不断完善老龄法律体系，修订老年人权益保障法，各省份均制定了相应的配套法规，一些领域法律增加了涉老条款。

持续加强养老服务体系建设。第一，在政策层面，《关于推进基本养老服务体系建设的意见》《关于加快发展养老服务业的若干意见》等文件相继出台。第二，国家从多层次不断完善养老保障体系。第三，增强养老服务供给能力。第四，加快补齐养老服务短板弱项。第五，提升养老服务质量。

老年健康服务体系建设扎实推进。将老年健康与医养结合服务纳入基本公共卫生服务项目，开展老年健康促进行动，不断提高老年人健康管理和服务水平。

银发经济发展环境不断优化。一是优化产业发展政策环境。二是完善质量监管体系。三是加大税收和金融支持力度。

老年人社会参与持续扩大。一是发展老年教育。二是促进老年人充分参与文体活动。三是鼓励老年人积极发挥作用。

老年友好型社会建设稳步推进。一是加强老年人优待和权益保障。二是稳步推进老年宜居环境建设。三是努力解决老年人运用智能技术困难问题。

17. 如何加强老龄社会治理？

加深人们对社会老龄化的认识。使得大众对于人口老龄化、老年人和老龄化社会有科学的认知，努力打造不骄不躁、从容沉着的社会氛围。打破一直以来各行各业对于年龄的偏见，努力建成“终身积累、持续开发”的老年人力资源新格局。

从生命周期健康角度推动社会治理。从个体的生命质量来看，老年期生理、心理、社会功能健康绝不单纯是人们进入老年期后的结果，而是其在整个生命周期中健康累积的结果。就健康而言，老龄化社会治理应着力于全人口的生命周期视野进行综合治理，从通过提供公平可及、系统连续的健康服务促使老年人以良好的健康状态进入甚至度过整个生命周期。

充分发挥老年人的主体性作用。公共就业和人才服务机构应加强对老年人才的求职登记、职业介绍、创业指导服务，开展老年人才交流招聘活动，为有劳动能力和再就业意愿的老年人参与职业技能培训提供便利。鼓励符合条件的老年人参加专业技术人员职业资格考试和职业技能鉴定。加强劳动用工管理，督促用人单位与老年人签订书面协议，依法保障老年人的合法权益。发展老年志愿服务，深入开展“银龄行动”，引导老年人积极参与社会治安、公益慈善、民事调解、全民健身等工作。

18. 如何做好社会参与？

制定规划。我国老龄事业发展“十五”计划纲要、“十一五”发展规划、“十二五”规划以及《“十三五”国家老龄事业发展和养老体系建设规划》中，均把促进老年人社会发展作为重要内容。

完善政策。制定促进老年人参与发展的专项政策，或将老年人参与社会发展作为相关公共政策的重要内容。

舆论宣传。各级政府及相关部门，应当通过各种宣传、教育、舆论手段，营造全社会积极看待、热情支持老年人参与社会发展的良好氛围。

组织建设。我国老年人社会组织建设还存在组织不健全、活动不经常、基础设施薄弱、经费来源短缺等问题，制约了老年人社会组织的发展，影响了作用的发挥。

人才服务。根据市场需求和各类老年人才的意愿，积极搭建服务平台，开拓老年人才发挥作用的渠道。

教育培训。老年人要在参与社会发展中取得良好的社会效益和经济效益，除了依靠自己原有的知识、技能和经验外，还需要继续学习，补充和更新知识。

表彰奖励。建立鼓励老年人参与社会发展的激励机制。对参与社会发展做出突出贡献的老年人组织和个人给予表彰和奖励。

劳动保护。贯彻、实施关于老年人享有和使用劳动权利的法律规定，对违反规定的行为予以纠正和制裁，维护受到侵害的老年人的劳动权利。

19. 如何推进老年友好型社会建设?

《“十四五”国家老龄事业发展和养老服务体系规划》指出：“传承弘扬家庭孝亲敬老传统美德”“推进公共环境无障碍和适老化改造”“建设兼顾老年人需求的智慧社会”“培育敬老爱老助老社会风尚”。具体来说：推动居住环境、社区配套设施、城市公共服务的改善。对一些只有步行梯的老旧小区进行改造，加装电梯或步行梯扶手，减轻老年人爬楼困难。社区定期组织志愿者给空巢孤独、重病失能等家庭送温暖等。政府不断推出适老服务，以北京为例，近年来北京市围绕老年人出行、就医、消费、文娱、办事等服务场景，多种线上服务陆续增加了“适老”“助老”模块。

围绕老年人需求，持续完善社会保障、养老服务、健康支撑三大体系。如今，老年社会福利、社会救助、社会优待、社会慈善体系不断完善。普惠型养老服务覆盖面逐步扩大，努力满足老年人多样化养老服务需求。医养结合持续推进，通过健康教育、预防保健等措施促进健康老龄化。

此外，社会给予老年群体更多关怀，比如，制定颁布《中华人民共和国老年人权益保障法》；社会层面大力宣扬孝老爱亲的传统思想，鼓励人们重视亲情，多陪伴老人，多与老人沟通……而且要鼓励人们“老吾老以及人之老”，学会大孝、大爱、大义。

20. 如何营造社会尊老、敬老、爱老社会氛围？

在社会舆论层面加大对新时代孝亲敬老文化建设力度。（1）从家庭建设的角度来说，习近平在中共中央政治局第三十二次集体学习时强调：“要加强家庭建设，教育引导人们自觉承担家庭责任、树立良好家风、巩固家庭养老基础地位。”比如，倡导父母身体力行，把孝老爱亲的道德观念从小就传递给孩子，引导孩子敬爱父母、长辈，尊敬老年人。家庭成员在家庭中传递尊老敬老的观念，培育和践行孝亲敬老家风，用千万家庭的敬老家风支撑起全社会的孝亲敬老风尚。（2）从学校教育角度来说，立足于老龄社会的现实，深入挖掘和阐发孝亲敬老的中华优秀传统文化蕴含的思想观念、人文精神、道德规范，将其纳入教育课程体系。比如，小学注重传统文化教育，在重阳节开展孝亲活动，平时也可以经常灌输小学生回家后要帮家长做家务，给爷爷奶奶捶捶背等思想。（3）从社会宣传的角度来说，除了加强学校教育以外，还应当面向社会大众广泛开展孝亲敬老文化的宣传教育。应当充分利用各种现代传播媒介，通过新闻舆论、文化作品来引导社会培育和践行新时代的孝亲敬老理念，为新时代孝亲敬老文化的构建奠定良好的社会基础。

志愿服务与志愿服务精神

21. 什么是志愿服务？

志愿服务是指志愿者、志愿服务组织和其他组织自愿、无偿向社会或者他人提供的公益服务。这个定义包括五层意思：一是志愿服务的主体是志愿者、志愿服务组织和其他组织；二是志愿服务的自愿性，是主体主动自愿的行为；三是志愿服务的无偿性，在服务中不能收取报酬；四是志愿服务的对象是社会或者他人；五是志愿服务本质上是一种公益服务。

联合国对志愿服务的定义为："任何人自愿贡献时间和精力，在不为物质报酬的前提下为推动人类发展、社会进步和社会福利事业而提供的服务。"

志愿服务人人可参与、处处能展开、时时生作用，具有广泛性、多重性的特质，因此，不论你的性别如何，年龄如何，知识层次或社会背景如何，只要是你想奉献爱心，帮助他人，都可以通过参与志愿服务的形式来实现。

22. 什么是志愿者？

志愿者就是以自己的时间、知识、技能、体力等从事志愿服务的自然人。

志愿者是一个无国界之分的崇高名称。迄今为止，志愿者已经有

200 多年的发展历史。18 世纪，西欧建立了济贫制度，志愿者起源由此而来。到了 19 世纪，欧美各国的民间慈善组织蓬勃发展，人们愿意积极参加志愿服务。20 世纪，随着各国福利制度的确立和完善，志愿者成为构建更加美好社会的强大助推力量。20 世纪 80 年代，我国公民社会参与空间不断扩大，再加上传统思想中“仁爱”“兼爱”的熏陶与传承，新中国志愿者队伍迅速成长壮大。

志愿者有三种最为典型的特征：一是无私奉献的精神；二是不为任何物质上的报酬，不计较个人得失；三是愿意以个人的力量服务社会，助推社会发展。那么，在实际生活中，到底哪些人算是真正的志愿者呢？任何人都可以是志愿者，志愿者并不是社会的特殊人群，志愿者的过人之处与共同之处，在于他们对整个社会有着强烈的使命感和责任感。

23. 什么是志愿服务组织？

志愿服务组织是指依法成立，以开展志愿服务为宗旨的非营利性组织。志愿服务组织有三个基本条件：第一，依法成立，即志愿服务组织需到相关行政部门依法登记，一般是到民政部门进行法人登记。第二，以开展志愿服务为宗旨。也就是说，志愿服务组织主要从事的是公益活动，强调的是社会性、公益性和志愿性。第三，非营利性。要求志愿服务组织开展活动不能以营利为目的，广大志愿者发挥自身资源优势，为服务对象提供志愿服务。

志愿服务组织是汇聚社会资源、传递社会关爱、弘扬社会正气的重要载体，也是引领向上向善、诚信互助社会风尚的重要力量。志愿服务组织从形式上来说，可分为全国性综合组织、全国性专业组织、地方性综合组织、地方性专业组织、高校志愿服务组织、企业志愿服务组织、港澳台地区志愿者组织、国际志愿者组织等。

24. 国际志愿者日、中国志愿者日是哪天?

1985年第40届联合国大会通过决议，确定每年12月5日为“国际志愿者日”（英语俗称“IVD”，东南亚和中国香港、台湾等地区称作“国际义工日”）。许多国家及政府都在这天举办各种活动，大力宣传、赞扬和倡导志愿者（义工）为社会义务服务的重要作用与奉献精神。试图通过这种仪式感唤起更多人内心的志愿精神，积极投身社会发展和经济建设之中。

在我国，共青团中央、中国青年志愿者协会共同确立，从2000年起，将每年3月5日作为“中国青年志愿服务日”。在3月5日广泛开展多种形式和内容的志愿服务活动，已成为近年来许多地区通行的做法。在“爱心献社会，真情暖人间”口号下，通过青年志愿者的实际行动，在社会上倡导团结友爱、助人为乐、见义勇为、无私奉献的新风和正气，弘扬爱国主义、集体主义和社会主义精神，促进良好社会风尚的发展，推动社会主义精神文明建设。

25. 志愿服务的功能有哪些?

志愿服务的社会功能。志愿服务是一种独特、低成本并可以广泛动员不同年龄、不同职业的社会成员，共同帮助他人、服务社会的有效途径。志愿服务以困难群体为主要服务对象，为他们提供服务帮助，促进社会公平与正义。志愿服务能唤醒并激活每位参与者、受助者内心深处的仁爱、善良等美好品质，并都可在其中获得心灵的成长和道德之化育。

志愿服务的个体功能。志愿服务是参与者实现终身成长的重要途径。老年志愿者参加志愿服务，既扩大了自己的生活圈子，增长了社会经验，更培养出自己的组织能力、领导能力、为人处世能力。老年志愿者在志愿服务过程中，也在不断塑造和磨炼自己的人格与意志，不断自我审视，自我校正，自我成长。

志愿服务的服务功能。志愿服务的志愿性、奉献性、服务性，具备独特的精神价值和人文关怀，无论对参与者，还是受助者都有无法替代的意义。教育、助老、环保、救灾、动物保护等。各个领域的志愿服务在社会中发挥着各自的作用，惠及社会发展所能涉及的方方面面。

26. 志愿服务的范围是什么？

志愿服务的范围较广，涉及通过志愿服务直接受益或得到改善的人、事物、组织、环境等。涉及的领域主要有环境保护、社会调研、扶贫开发、成长辅导、社区服务等。

从群体的角度来说，儿童、老年人、精神病人、残疾人、失业者、贫困者、下岗职工、灾难中的求助者、非正式就业人员、农民工等群体，都可以成为志愿服务的受益者。这些人群因为社会原因而产生社会需求，接受志愿服务。这种为弱势群体提供志愿服务是志愿服务的范围里的重要部分。

以社区服务来说，在发达国家，社区志愿服务自然发展成为志愿服务的重要载体。社区的志愿服务对社区已有资源进行组织管理，为社区成员提供服务。我国的社区志愿服务包括社区建设、社区生活、社区文化等方面，涉及各种便民服务、特殊群体服务，如扶贫帮困、助老助残、社会治安、环境保护、家居生活等，这些志愿服务维护着良好的社会道德风尚和价值观念，为社区健康、持续地发展做出了贡献。

27. 志愿服务的特征有哪些?

特征一：服务出于个人自愿。志愿者参加志愿服务是出于自己的意愿，服务时间、地点、对象、内容不应受到强迫。自愿性并不排斥义务性。举例来说，有的公交线路没有无障碍设施，我们有义务帮助残障朋友同样享受公交出行这项公共服务。

特征二：不追求经济回报。志愿者参加志愿服务目的是帮助他人、奉献社会，而不是为了获取与服务对价的物质报酬。志愿者无报酬，志愿服务有成本。志愿者在志愿服务中付出时间、劳动、智力等，是不能获取报酬的，但为此付出的交通等成本，是可由志愿服务组织、服务对象或企业等通过补贴、提供保险、培训学习等方式给予一定的回报或保障。

特征三：造福于他人或社会。公益是志愿服务的本质属性，志愿服务要帮助他人、服务于社会，受益者是特定的多数人，而不是帮助有服务义务的对象，更加不能是营利性活动。

特征四：有组织地开展志愿服务活动。这能够极大提升志愿服务贡献力，有利于推动志愿服务制度化、专业化、持续健康发展。

28. 志愿服务对建设共同富裕社会有什么意义?

第一，志愿服务助力社会经济发展，推动社会整体富裕程度。志愿者或志愿组织深入贫困地区提供教育、科技、医疗志愿服务，对贫困地区进行项目引进，技术支持、经济咨询、文化传播等志愿服务。这些志愿行为在很大程度上解决了低收入群体的实际困难，助推社会整体经济发展和富裕程度。

第二，志愿服务有利于保障社会民生，推进社会的公平正义。志愿服务作为一种提供公益服务的非营利组织，是第三次分配的重要手段。通过发挥志愿服务的作用，一方面帮助困难弱势群体得到关怀和帮助，另一方面鼓励中高收入的个人或者企业回报社会，先富带动后富。

第三，志愿服务在提升社会资本、增强社会凝聚力方面发挥重要作用。一方面，志愿服务通过发挥志愿者们的智慧、技术、技能、经验等，使他们在实现助人的同时，也获得内心的充实与升华。另一方面，志愿服务推动社会成员之间形成互惠的网络。志愿团队通过举办一系列的公益活动将各种不同行业、职位、年龄段的群体团结到一起，提高了社会凝聚力，增加社会资本，为建设共同富裕社会打下了良好的人力资源基础。

29. 什么是雷锋精神？

雷锋，这个在中国家喻户晓的人物，不仅仅是无数人心中好人的代名词，而且经过时间的洗礼，逐渐成为一种激励千千万万人的，闪闪发光的精神旗帜——雷锋精神。

雷锋精神即热爱党、热爱祖国、热爱社会主义的崇高理想和坚定信念；服务人民、助人为乐的奉献精神；干一行爱一行、专一行精一行的敬业精神；锐意进取、自强不息的创新精神；艰苦奋斗、勤俭节约的创业精神。

《求是》2023年第5期文章《雷锋精神永不过时》中，有一段习近平总书记的话："雷锋是时代的楷模，雷锋精神是永恒的。实现中华民族伟大复兴，需要更多时代楷模。我们既要学习雷锋的精神，也要学习雷锋的做法，把崇高理想信念和道德品质追求转化为具体行动，体现在平凡的工作生活中，作出自己应有的贡献，把雷锋精神代代传承下去。"

30. 什么是志愿精神？

志愿精神可以用八个字来概括，即奉献、友爱、互助、进步。

奉献，即对他人、社会或自己的事业，全身心地付出，不求回报。对于个体而言，就是努力做好每一件小事，认真善待每一个人，用自己的善意去感染周围的人。

友爱，即欣赏他人、与人为善、有爱无碍、平等尊重。志愿者之爱跨越了国界、民族、文化、职业和贫富差距，它让社会充满阳光般的温暖。

互助，志愿者凭借自己的双手、头脑、知识、爱心开展各种志愿服务活动，帮助那些处于困难和危机中的人们走出困境，自强自立，重返生活舞台。而受助者获得生活的能力后，也会投入关心他人、帮助他人、为社会做贡献的志愿服务中。

进步，即志愿者通过参与志愿服务，使自己的能力得到提高，同时促进了社会的进步。在志愿服务中无处不体现着“进步”的精神，它使人们甘心付出，追求社会和谐。

31. 志愿精神如何体现社会主义核心价值观？

党的十八大报告明确提出社会主义核心价值观的基本范畴：富强、文明、民主、和谐的国家价值目标，自由、平等、公正、法治的社会价值取向，爱国、敬业、诚信、友善的公民价值准则。志愿服务倡导的志愿精神——奉献、友爱、互助、进步，是社会主义核心价值观的直接体现。

志愿服务作为富强、文明、民主、和谐的国家价值目标的载体。社会主义核心价值观的主体是国家，公民个体的积极认可和自觉践行是整个国家价值目标实现的基础。以志愿服务为载体，“培育和践行社会主义核心价值观，在国家层面上，志愿精神体现了文明与和谐”。

志愿服务与自由、平等、公正、法治的社会价值取向相契合。这种价值取向是在各种利益的矛盾与冲突中，在不同思想差异之上达成最广泛的价值共识，化解在深化改革开放中设计利益调整时可能带来的思想对立、思想混乱和行为冲突，维系社会稳定，凝聚人心。

志愿服务坚守爱国、敬业、诚信、友善的公民价值准则。志愿服务奉行友爱，与人为善，对他人有同情、恻隐之心，感同身受他人的痛苦，设身处地地给予他人真诚而热情的关心和帮助。志愿者的友善，既有助于完善个体道德人格，又有利于建立良性的社会主义生态环境。

32. 我国志愿服务的总体情况如何？

志愿者总体规模稳步扩大。《中国志愿服务发展报告（2021~2022）》（以下简称《报告》）指出，我国 18—69 岁居民中，活跃志愿者总体规模约为 3.07 亿人，这一比例高达 29.9%。

总体参与程度持续升高。《报告》指出，活跃志愿者人均年参与志愿服务次数达 10.77 次，人均年服务时间达 33.81 小时。这意味着近一年来志愿者提供了 86.2 亿—92.6 亿小时的志愿服务。

活跃志愿者的平均年龄为 43.1 岁，年轻世代群体较为活跃。报告显示，活跃志愿者的平均年龄为 43.1 岁。00 后的活跃志愿者占比最高，为 54.74%，其次是 90 后（36.52%）和 80 后（34.11%）。

志愿服务内容发展存在不平衡。根据志愿服务的内容，志愿服务大致分为 12 类：儿童关爱、青少年辅导、老年关怀、妇女维权 / 保护、扶助残障、支教助教、扶贫济困、医疗护理、法律援助、环境保护、抢险救灾和国际援助。由于发展水平和群众需求等差异，不同领域的志愿服务内容存在一定的不平衡性和差异性。

活跃志愿者社会心态更积极。调查显示，活跃志愿者群体的生活总体满意度更高、拥有更高的社会保障水平评价、拥有更高的社会信任评估，也拥有更高的社会宽容评价，其社会心态更为积极开放。

33. 我国志愿服务经历了哪些发展阶段？

1949—1993 年为新中国志愿服务起步阶段。1963 年后，毛泽东主席发出了“向雷锋同志学习”的号召，在全国掀起了“学雷锋”活动的热潮，向广大人民宣传以雷锋同志为榜样的新一代中国青年服务人民、服务社会的决心。

1994—2007 年为新中国志愿服务探索阶段。这一时期，开始自上而下建立各级志愿者协会，并在志愿服务人数、范围、深度等方面都有了不同程度的发展。志愿者招募、培训、考核、评估、表彰等制度普遍建立起来，志愿服务内部运行机制逐步形成。

2008—2015 年为新中国志愿服务发展阶段。我国志愿服务大型赛事的经验、社会化参与、国家志愿服务法制化建设等有了一定的发展，志愿服务组织和志愿服务法律建设更为健全。

2016—2017 年为新中国志愿服务国家发展战略阶段。在国家的支持和推动下，志愿服务的政策制定、信息化建设、成果转化、国际化四个方面做出了前所未有的成绩。一系列政策法规相继出台，诸如《中华人民共和国慈善法》《志愿服务条例》《关于支持和发展志愿服务组织的意见》等。

自 2018 年至今，为志愿服务迸发阶段。志愿服务形成了“党委领导、政府主导、社会参与”的新局面，全民志愿的风气已经形成，中国志愿服务面临前所未有的发展机遇和良好的外部发展环境。

34. 我国志愿服务的主管部门是哪些？

2023 年 3 月中共中央、国务院印发《党和国家机构改革方案》，组建中央社会工作部，负责统筹指导人民信访工作，指导人民建议征集工作，统筹推进党建引领基层治理和基层政权建设，统一领导全国性行业协会商会党的工作，协调推动行业协会商会深化改革和转型发展，指导混合所有制企业、非公有制企业和新经济组织、新社会组织、新就业群体党建工作，指导社会工作人才队伍建设等，作为党中央职能部门。

中央社会工作部划入民政部的指导城乡社区治理体系和治理能力建设、拟订社会工作政策等职责，统筹推进党建引领基层治理和基层政权建设。划入中央和国家机关工作委员会、国务院国有资产监督管理委员会党委归口承担的全国性行业协会商会党的建设职责，划入中央精神文明建设指导委员会办公室的全国志愿服务工作的统筹规划、协调指导、督促检查等职责。

35. 我国志愿服务有哪些法律法规？

全国性法律法规包括：《志愿服务条例》《中华人民共和国老年人权益保障法》《中国注册志愿者管理办法》《志愿服务记录与证明出具办法（试行）》《中华人民共和国公益事业捐赠法》《中华人民共和国企业所得税法》《中华人民共和国红十字会法》《社会团体登记管理条例》《基金会登记管理条例》《中华人民共和国个人所得税条例实施细则》《救灾捐赠管理办法》《红十字会法》等。

地方性法规包括：《北京市志愿服务促进条例》《深圳市义工服务条例》《上海市募捐条例》《湖南省志愿服务条例》《山东省青年志愿服务规定》《福建省青年志愿服务条例》《南京市志愿服务条例》《河

南省人民代表大会常务委员会关于深入开展青年志愿服务活动的决定》《杭州市志愿服务条例》《成都市志愿服务条例》《天津市青年志愿服务条例》《上海市志愿服务条例》等。

36. 我国志愿服务有哪些主要政策？

全国性政策文件有：《关于志愿兵、义务兵退出现役到地方工作后工资待遇问题的通知》《关于推动生态环境志愿服务发展的指导意见》《国家积极应对人口老龄化中长期规划》《关于支持和发展志愿服务组织的意见》《关于公共文化设施开展学雷锋志愿服务的实施意见》《全国老龄委开展银龄行动文件》《教育部开展银龄讲学计划文件》《全国妇联开展巾帼志愿者主题活动文件》《中国社会服务志愿者队伍建设指导纲要（2013—2020年）》《关于发展壮大“中华巾帼志愿者”队伍的意见》《关于实施大学生志愿服务西部计划的通知》等。

地方性政策文件有：《关于推进社会工作者与志愿者联动工作的实施意见》《北京市志愿服务管理办法》《北京市养老服务时间银行实施方案（试行）》《北京市应急志愿服务管理办法》《广州市志愿服务规定》《社会工作者继续教育实施办法（试行）》《北京市红十字会关于红十字志愿者管理办法（试行）》等。

老年人参加志愿服务的意义和方法

37. “老有所为”对国家和社会有什么意义？

“老有所为”有利于缓解未来社会劳动力短缺矛盾。老年人口中有大量工作经验丰富、知识雄厚和技能熟练的人才，可以有效地弥补人力资源市场上的劳动力结构性短缺。目前我国用于养老的社会保障支出逐年增长，老年抚养比持续提高。开发利用老龄人力资源，是缓解社会养老负担过重这一困境的有效选择。另外，“老有所为”还有利于现阶段经济发展方式的转型。一些老年人通过继续工作增加收入，可以促进社会消费，银发经济得以发展。

“老有所为”促进了家庭和社会的和谐发展。首先，我国人均寿命大幅度提高，从老年人的精神状态上看，需要老有所为。其次，老年人作为社会的公民，也有一定的社会责任，传承家风、教育后代、弘扬正气，维护稳定仍然需要他们的参与。再次，老年人有充分发挥余热的条件和欲望，他们普遍精气神好，视力、体力和脑力都很健康，见识广，学识多，各有所长。最后，老年人年龄大，经历多，生活经验丰富，是国家稳定与发展的一支重要力量。

38. 为什么提倡老年人参与志愿服务？

提倡老年人参与志愿服务是国家推行积极老龄化战略的必要工作。提倡老年人参与志愿服务，发展老年志愿者队伍，是促进老年人积极养老、老有所为，以及国家推行积极老龄化战略的必要工作。积极鼓励老年人参与志愿服务不仅符合积极老龄化这一国策，而且对于老龄化群体的社会价值、个人价值的发展均有不可估量的作用。

志愿服务满足了老年人社会参与的需求。志愿服务能体现出老年人的社会价值和自身的人生价值，为老年人带来关于自身和社会双重层面的成就感。另外，志愿服务的活动有更多严格规定，志愿者虽然不是有偿工作，但更像“工作”。老年人退休后，心理层面会产生诸多不适。

老年志愿服务为老年人退休后的软着陆提供了缓冲，使老年人有了新的目标与圈层，找到人生的归属感。

社会对老年人价值的认可，鼓励老年人价值再创造。老年人德高望重，经常活动在基层社区，很容易及时发现问题。老年人具有丰富的经验、技能、知识等优势，在社区青少年教育问题上可以起到积极作用。老年人本身也是优质的社会人力资源，老年人的闲置是社会人力资源的巨大浪费。鼓励老年人参与志愿服务，不仅仅为他们创造了社会参与的机会，而且也激发了他们为社会创造价值的热情。

39. 老年人参加志愿服务具有哪些优势?

拥有独特的时间优势。老年志愿者有充足富裕的时间，可以为文明城市创建提供不间断的服务，只要身体允许，就可以保证一些事情的连续性和严密性。比如老年阅读志愿者们在图书馆、在社区，组织读书会等形式多样的阅读活动。这种公益活动只有长时间坚持下来才能看到成效，而老年志愿者的时间优势由此可见。

拥有独特的经验优势。老年志愿者拥有独特的经验优势。老年志愿者在过去的工作和生活中，积累了大量的专业经验，也有一些兴趣特长，这些能在一定程度上帮助受助者。最典型的是，开展各种技能培训的志愿服务，能直接授人以渔，帮助受助者提升自己的生存技能。

拥有独特的心理优势。老年志愿者的心理状态更为成熟，他们更耐心、更和气、更细致、更热情，这些心理品质正是志愿服务所需要的。

40. 老年人参与志愿服务对自身有什么好处?

利于身体健康。日益增长的老年人口拥有大量的技能和经验，他们可以通过志愿服务为社会带来更大的利益。老年志愿服务这种持续性团体活动会使老年人在帮助他人的同时，保持积极的活力，这种充满活力的状态增强了老年人抵御疾病的能力，而且也帮助他们在遭受疾病打击时更容易康复，老年人的身体变得更加健康。

利于心理健康。老人退休之后，容易产生焦虑、孤独、不适应、无用感和高龄时的死亡恐惧感。老年人通过志愿服务积极参与社会生活，不仅有助于他们重构社会人际网络，克服因退休导致的“生存孤岛”现象，更有助于他们在为社会或所在社区做贡献的同时实现自己的人生价值，心理层面更为积极健康。

利于保持终身成长的状态。志愿服务不仅丰富和充实了老年人的精神生活，而且还能够让老年人在各种志愿服务的活动和对社区事务的管理中获得不断成长以及自我价值的实现。老年人通过志愿服务继续发挥余热，心理上获得成就感。在志愿服务过程中，很多老人学会和理解许多原来自己不熟悉的领域，重新刷新认知，增加阅历。这种不计报酬、助人为乐的全新体验，也使得第三人生更有质量。

41. 老年人参与志愿服务对社会有什么好处?

充分发挥余热，创造更多社会价值。《中共中央　国务院关于加强新时代老龄工作的意见》中指出：“鼓励老年人继续发挥作用。把老有所为同老有所养结合起来，完善就业、志愿服务、社区治理等政策措施，充分发挥低龄老年人作用。”老年志愿者的所为，有利于和谐文明社区的共同缔造，助推了整个社会的文明进步。

正向的精神价值——积极养老观的树立。社会上处处能看到“老当益壮，宁移白首之心？”的老年志愿者助人为乐的场景，这不仅是老龄化社会和谐的亮丽风景线，也让年少者看到学习的标杆、典范。老年志愿服务这种方式也做到了以“为”促“养”，“养”“为”结合。老年人参与志愿服务可以变消费者为社会财富的创造者，提高了老年人的自养能力，同时，也形成了积极的老年价值观。

促进了社会资本的形成与发展。老年志愿者通过组织和参加社区里的各种活动，带动了居民参与社区生活的兴趣和热情，为居民社区公共生活和社区内人际交往提供了互动空间。老年志愿服务所体现出来的关爱他人、热心助人的奉献精神，增强了居民的社区认同感，促进了居民之间的互助合作以及相互信任关系的形成与发展。老年志愿服务为社区各类组织的发展提供了动力与支持，促进了社区居民间网络的形成与发展，从而促进了社会资本的发展。

42. 什么是老年志愿者？

老年志愿者，概括来说，就是老年人志愿服务者。广义上的老年志愿者是指，志愿贡献个人的时间、精力、金钱及精神，在不谋求物质报酬的情况下，从事社会公益与社会服务事业，为改进社会和推动社会进步而提供服务的老年人。狭义的老年志愿者是指，自愿参加相关团体组织，在自身条件许可的情况下，在不谋求物质、金钱及相关利益回报的前提下，合理运用社会现有的资源，志愿服务个人可以奉献的东西，为帮助那些需要帮助的人，开展力所能及的、切合实际的，具一定专业性、技能性、长期性的服务活动。如今，不少老年人的价值观也在转变。很多老人由过去的退休就在家休闲娱乐、颐养天年，到现在的走出家门当老年志愿者，他们在一次次志愿服务中，积极参与社会，贡献自己力量，实现个人价值。

43. 成为老年志愿者需要什么条件?

身体素质。身体健康，能满足相应志愿者岗位工作要求。身体状况不佳、行动不便的老年人不是很适合做志愿者。而身体健康的老年人则满足这一条件。

心理与品格素质。例如，具备爱心奉献、助人为乐的精神，沉稳干练、不急不躁的心态；团结协作、尊重他人的意识；诚实守信、认真负责的品格等。志愿者在服务过程中，服务的态度不仅会影响到受助者，也会影响到一起工作的其他志愿者。比如，在帮助残疾人时，有些残疾人比较敏感，志愿者如果缺乏同理心，反而会引发对方的反感。再比如，在一些大型活动中，如果志愿者不具备一些美好品格，也会损害集体形象。

文化素质。了解所从事的志愿服务工作；熟知如何更好地服务他人。在一些需要技术性、专业程度高的志愿服务中，对于专业技术是有要求的，比如义诊和支教等。在负责社区协调的志愿服务中，又要求志愿者有一定的组织协调能力、口头或文字表达能力、应变能力等。

坚持下去的恒心。老年志愿者在志愿服务之初，会获得满满的成就感，但是当在具体工作岗位时间长了，又觉得枯燥。当一名老年志愿者也是需要恒心与自律的。这一点，也是老年志愿者应具备的条件之一。

44. 老年志愿者的权利有哪些?

《志愿服务条例》（以下简称《条例》）赋予了志愿者 11 项权利：

选择权。《条例》第十一条规定，志愿者可以参与志愿服务组织开展的志愿服务活动，也可以自行依法开展志愿服务活动。

知情权。《条例》第十二条规定，志愿服务组织招募志愿者开展志愿服务活动；招募时，应当说明与志愿服务有关的真实、准确、完整的信息以及在志愿服务过程中可能发生的风险。

拒绝权。《条例》第十五条规定，志愿服务组织安排志愿者参与志愿服务活动，应当与志愿者的年龄、知识、技能和身体状况相适应，不得要求志愿者提供超出其能力的志愿服务。

获得权。《条例》第十六条规定，志愿服务组织安排志愿者参与的志愿服务活动需要专门知识、技能的，应当对志愿者开展相关培训。《条例》第十九条规定，志愿者需要志愿服务记录证明的，志愿服务组织应当依据志愿服务记录无偿、如实出具。

权益保障权。《条例》第十七条规定，志愿服务组织应当为志愿者参与志愿服务活动提供必要条件，解决志愿者在志愿服务过程中遇到的困难，维护志愿者的合法权益。

隐私权。《条例》第二十条规定，志愿服务组织、志愿服务对象应当尊重志愿者的人格尊严；未经志愿者本人同意，不得公开或者泄露其有关信息。

拒绝摊派权。《条例》第二十五条规定，任何组织和个人不得强行指派志愿者、志愿服务组织提供服务，不得以志愿服务名义进行营利性活动。

监督权。《条例》第二十六条规定，任何组织和个人（包含志愿者）发现志愿服务组织有违法行为，可以向民政部门、其他有关部门或者志愿服务行业组织投诉、举报。民政部门、其他有关部门或者志愿服务行业组织接到投诉、举报，应当及时调查处理；对无权处理的，应当告知投诉人、举报人向有权处理的部门或者行业组织投诉、举报。

获得表彰权。《条例》第三十二条规定，对在志愿服务事业发展中做出突出贡献的志愿者、志愿服务组织，由县级以上人民政府或者有关部门按照法律、法规和国家有关规定予以表彰、奖励。

就业优先权。《条例》第三十二条规定，国家鼓励企业和其他组织在同等条件下优先招用有良好志愿服务记录的志愿者。

优待权。《条例》第三十三条规定，县级以上地方人民政府可以根据实际情况采取措施，鼓励公共服务机构等对有良好志愿服务记录的志愿者给予优待。

45. 老年志愿者的义务有哪些？

《志愿服务促进条例》里指出志愿者有如下义务：

第七条指出，志愿者提供的个人基本信息应当真实、准确、完整。

第二十一条指出，志愿服务组织、志愿者应当尊重志愿服务对象人格尊严，不得侵害志愿服务对象个人隐私，不得向志愿服务对象收取或者变相收取报酬。

第二十二条指出，志愿者接受志愿服务组织安排参与志愿服务活动的，应当服从管理，接受必要的培训。志愿者应当按照约定提供志愿服务。

第二十四条指出，志愿服务组织、志愿者开展应对突发事件的志愿服务活动，应当接受有关人民政府设立的应急指挥机构的统一指挥、协调。

有不少地方性志愿服务法规里也规定了志愿者的义务。《北京市志愿服务促进条例》第十五条规定了志愿者应履行的义务。具体内容如下：

（一）履行志愿服务协议约定的义务，服从管理，接受必要的培训，完成志愿服务工作；

（二）因故不能完成志愿服务工作的，应当及时告知志愿服务组织或者志愿服务对象；

（三）合理、适当使用志愿服务标志；

（四）保守在志愿服务中获悉的国家秘密、个人隐私、商业秘密或者依法受保护的其他信息；

（五）尊重志愿服务对象的人格尊严；

（六）依法应当履行的其他义务。

46. 志愿者星级评定是什么意思？

志愿者星级评定，即为了激励与肯定优秀志愿者或志愿者组织，由志愿服务组织或志愿者管理机构，以服务时间和服务质量为主要内容、按照不同等级获得不同星级的方式进行评价的制度。

志愿者星级评定的标准一般分为两个方面一：一是志愿者的服务时长；二是服务对象的评价。但实际上，由于不少机构评选机制并不健全，实践中服务时长常常成为“唯一”标准。在中国，星级志愿者一般分为五个级别，评定标准已经统一。

《志愿服务记录办法》第二十一条规定：志愿服务记录时间累计达到 100 小时、300 小时、600 小时、1000 小时和 1500 小时的志愿者，可以依次申请评定为一星级、二星级、三星级、四星级、五星级志愿者。

《中国红十字志愿服务管理办法》第二十六条规定：红十字志愿者登记注册后参加志愿服务的时间累计达到 100 小时、300 小时、600 小时的，由县级红十字会颁发一、二、三星级志愿者证章。累计达到 1000 小时的，由地市级红十字会颁发四星级志愿者证章。累计达到 1500 小时的，由省级红十字会颁发五星级志愿者证章。

47. 志愿者誓词是什么？

志愿者誓词，即作为志愿者，践行志愿服务的决心与目标。志愿誓词的仪式感可起到有效激励人心、呼唤行动、团结凝聚的作用。志愿者誓词并没有统一标准，多来源于所在志愿组织的服务愿景与目标。举例来说：

《中国注册志愿者管理办法》第一十条指出："注册机构可在重大活动时或定期组织志愿者进行宣誓。志愿者誓词：我愿意成为一名光荣的志愿者。我承诺：尽己所能，不计报酬，帮助他人，服务社会，践行志愿精神，传播先进文化，为构建和谐社会贡献力量！"

北京市登记注册的志愿者使用统一的宣誓誓词："我是北京志愿者，为使我们的国家和城市更美好、人民更幸福、环境更安全，我要团结身边的人，投身其间。面对需求，我要行动。我承诺，我将竭尽所能，参加公益活动，帮助困难人群，真诚关怀有需要的人士，为他们带来温暖。"

48. 如何加入志愿服务组织？

《志愿服务条例》第七条指出，"志愿者可以将其身份信息、服务技能、服务时间、联系方式等个人基本信息，通过国务院民政部门指定的志愿服务信息系统自行注册，也可以通过志愿服务组织进行注册。志愿者提供的个人基本信息应当真实、准确、完整。"

老年人如果想加入志愿者组织，可以通过当地志愿者官网或者"志愿汇"上的相关活动，联系协会相关人士；询问当地社区，加入社区志愿者，之后便可以联系到当地的志愿者协会。

老年人还可以通过登录民政部志愿服务官方网站（全国）——"中国志愿服务网"（网址为：https：//chinavolunteer.mca.gov.cn/site/home）来注册成为志愿者。首先，点击右上角的"志愿者注册"；其次，选择所在省份，系统就会跳转到当地志愿服务网；再次，点击志愿者注册进行注册；最后，申请加入相应的志愿组织。老年人还可以利用微信小程序加入志愿组织。步骤为：

第一步：打开微信 APP“中国志愿服务网”，点击右下角“我”；

第二步：点击“服务”中“生活服务”板块的“城市服务”；

第三步：点击“城市服务”页面右下角“办事大厅”；

第四步：找到左边的“民政公益”，点击“志愿服务”，注册志愿者；

第五步：点击“查找活动”，选择本地活动报名参与。

49. 老年人参与志愿服务要注意哪些问题？

不违背志愿服务精神。不做出向志愿服务对象索取志愿回报等与志愿精神相违背的行为，这是志愿者的基本准则。

上岗之前的准备问题。注意适当休息，保证上岗时精力充沛；备齐必要物品，如制服、证件、腰包、水壶、通信工具、工作资料、防暑药品等；熟悉岗位职责，牢记服务流程及相关要求；往返途中遵守交通法规，保证交通安全。

仪容仪表的问题。老年志愿者应注意自己的着装，着统一服装，按要求佩戴志愿者工作证等志愿者标识。面对他人，主动微笑示意。注意站姿，站立时不倚靠、不叉腰、不合抱双臂、不插兜。

工作秩序规范问题。严格遵守上岗时间，不迟到、不早退；严格按照岗位分配在规定区域工作；严禁在工作场所、工作时间吸烟或饮酒、吃零食；保持通信工具畅通，遇到问题及时请示报告；换岗时，按照要求认真做好交接等。

工作态度方面的问题。对服务对象保持尊重、平等、热情的态度；主动、耐心解答志愿服务对象的问题；举止文明，不擅自离岗；避免与志愿服务对象产生任何方面的冲突；与其他工作人员及其他志愿者保持良好合作关系，具有良好的团队意识。

此外，遇到应急问题，要注意有一定的自我保护意识，提高警惕，加强监控，防范隐患。遇到事情要能够灵活处理，对于刁钻、难解决的问题，要积极求助他人等。

50. 老年志愿者如何“量力而行”？

根据自己的身体状况，适度参与志愿服务。老年志愿者在实际工作中，绝不要做自己体力不允许的事情。即便自我感觉良好，也不要去逞能，因为很多意外就是在疏忽大意中发生的。在自己感觉身体有所不适时，应及时向服务对象或组织者提出，以免影响大局。

要清楚自己的能力，不做胜任不了的志愿服务。老年志愿者要清楚自己的能力与所做的工作是否匹配。如果事先发现自己可能无法胜任，就可以向组织者提出困难，好让组织者早点做好安排；如果在服务过程中才发现自己的能力有限，也是提出得越早越好，以便组织者做出调整。

要平衡好家庭事务与志愿服务的关系。老年志愿者最好不要为了做好志愿服务工作，而扔下家里一切事务。乐于奉献重要，但家里的事情也很重要。如果因为志愿服务而对家庭不管不顾，最终家庭和志愿服务都会受到影响。

不做超过工作范围的志愿服务。在志愿服务过程中，做好自己的本职工作就好，而不是事事都愿意干预。比如，有老年志愿者选择做治安巡逻，但是在这过程中，发现小区卫生不太好，又开始做清洁，结果因此耽误了正事。

51. 老年志愿者如何取得家人的理解?

老年志愿者因有丰富的社会阅历、专业的经验、有耐心、善倾听、时间充裕而受到欢迎，老年志愿者队伍日渐庞大。然而，有些老年人很想参与志愿服务，但因为家庭的一些原因无法成为一名志愿者，诸如家庭照护责任的约束；家庭成员不支持也不理解老人参加志愿者这一行为等。对此，老人不妨使用这样一些策略：面对家人的反对，不要固执己见，而是采取委婉的方式，心平气和与家庭成员商议。可以把自己想当志愿者的真实愿望表达出来，让家人理解老人愿意为社会出一份力的情怀，愿意用自己多年的生活经验、专业技能帮助那些需要帮助的人的迫切心情。也可以将当志愿者对老年人的益处说给家庭成员，诸如，可以顺便锻炼身体，扩大自己的生活圈子，排除孤独感，使老年生活更为充实且有成就感等。

52. 如何支持老年志愿者开展工作?

从舆论入手，转变社会思维定式。可以充分利用互联网、新媒体和大众报刊等传播媒介大力宣传积极老龄化对于社会的价值，为老年人参与社会建设营造良好的舆论氛围。政府要重视对老年志愿服务的宣传，树立老年志愿者模范典型，扩大老年志愿服务的影响力，在整个社会营造支持老年志愿服务的舆论氛围。

做好顶层规划，制定相关政策。政府应加强对老年志愿服务参与的统筹规划，制定落实相关的政策法规，为开展老年志愿服务建立制度保障。政府可丰富老年志愿服务参与的内容，提升老年人志愿参与的持续性。比如，通过组织一些知识层次高的老年人为社区的小学生提供读写指导、作业辅导和情感关怀等活动，增强老年志愿者和小孩的沟通与交流，发挥其知识储备。在解决社会需求的同时，使老年人老有所为。

给予老年志愿者一定的激励。给予老年志愿者的激励机制，可以分为两大类，分别是物质激励和精神激励。物质激励与精神激励并轨实行，有利于促使老年人由衷地感受到自豪感和荣誉感，对于经历人生百态、饱经生活风霜的老年人来说，得到社会的认可和赞扬，是极大的精神慰藉，也是他们坚定信念、持续参与志愿服务的强大动力。

53. 老年志愿者如何取得服务对象的尊重?

要有充分的准备。对所进行的项目做好知识储备；充分熟悉志愿服务对象的需求，对有关服务对象的政策信息提前了解；尽可能通过各种渠道对服务对象有一个大致的了解，如服务对象群体的兴趣爱好、禁忌等。

不可忽视细节。如在进行志愿工作之前，提前到场；在与志愿对象交谈时，要注意坐姿，身微微向前倾、视线保持水平看齐等。这些细节可以避免带给志愿服务对象过多的压力感，使其感到尊重、真诚，对志愿者产生信任感，利于后续工作的开展。

尊重志愿服务对象。人们都有被尊重的需求，尊重是相互的，当志愿者尊重志愿服务对象时，也会得到对方的尊重。这种互相尊重的方式也助推了志愿工作的顺利进行。

真挚诚恳的态度。志愿者在志愿服务时，始终要保持真挚、诚实、开放、尊重、无条件接纳的态度。只有这样才能为服务对象提供一个安全的环境，让服务对象可以无拘无束、自由地探讨自己的内心世界、表达自我、发掘自我潜能。在这个过程中，志愿者的志愿功能也才能得到淋漓尽致的发挥。

54. 老年志愿者如何提高服务能力与水平？

积极参与相关培训。志愿服务工作开始前，一些主办的机构都会培训志愿者掌握一些岗位技能。举例来说，抗癌志愿者组织邀请医院的相关专家，培训辅导新的老年志愿者，专家会教授一些抗癌知识，会指导在癌症病人与家属面前的沟通技巧。

和不同的志愿者交流经验。当老年志愿者从事不熟悉的志愿领域或项目时，可多向有经验的志愿者请教，减少自己摸索的时间，缓解紧张的情绪，使自己的志愿服务更为从容。

要有团队精神。志愿者要懂得与其他志愿者之间相互信任、相互合作，以集体利益为重，适当地克服个人的困难，集中精力和团队成员一起实现团队的目标。

发展同理心。在志愿服务中，同理心是很重要的东西。举例来说，人们往往认为通过志愿服务给予山区孩子物质帮助就能让他们的人生变好。事实上，如果站在同理心的角度会发现，山区里留守儿童最缺乏的东西是安全感，而志愿者来来去去，刚建立的信任与安全感就很容易被扯断。老年志愿者发展同理心，不妨常问自己这个问题："当我们试图改变一些事情的时候，那些事情是否需要我们改变？"

55. 老年人参与志愿服务如何进行日常沟通？

在进行志愿工作之前做足准备。老年志愿者在服务志愿对象之前，必须储备所在志愿岗位与志愿项目的专业能力。老年志愿者需要重视岗前培训，并且认真掌握培训的专业知识与技能。

进行情境演练，强化沟通知识。对于培训中学到的沟通技能也好，或者对于日常志愿服务中积累的沟通技能也好，可以经常使用情境演练的方式和同事们一起切磋。举例来说，可以使用角色扮演的方式练习强化沟通方法。面对老人家、残疾人、青少年等不同的人群时，使用不同的沟通方式。

明确志愿者身份，将志愿精神代入沟通过程中。老年志愿者要从以往的社会角色中走出来，明确自己作为志愿者的角色，将奉献、互助、友爱的志愿服务精神融入服务过程中，此时的沟通就有“此时无声胜有声”的效果。

改善沟通方式，提升沟通技巧。老年志愿者也可以多使用微笑、和蔼的表情等无声的沟通符号来提升自己的沟通技能。面对冲突时，沟通需要四步：第一步保持冷静；第二步耐心倾听需求、表达想法；第三步找出症结和问题，展示良好的态度尝试解决；第四步则是协商解决问题的最佳方案。

56. 老年人参与志愿服务如何处理突发事件？

《志愿服务促进条例》第二十四条规定，发生重大自然灾害、事故灾难和公共卫生事件等突发事件，需要迅速开展救助的，有关人民政府应当建立协调机制，提供需求信息，引导志愿服务组织和志愿者及时有序开展志愿服务活动。志愿服务组织、志愿者开展应对突发事件的志愿服务活动，应当接受有关人民政府设立的应急指挥机构的统一指挥、协调。

志愿者组织针对紧急突发事件采取预防、预备、响应和恢复的活动和计划项目，应急救援志愿服务的主要途径包括：应急通信、山地救援、城市救援、地震救援、医疗救援、心理救援、宣传普及、大型活动保障、水上救援、空中救援、消防防化、机动等。老年志愿者作为志愿组织中的一分子，应严格服从志愿组织的工作分配，用心学习志愿组织对于突发事件应对方法的培训。老年志愿者在实际面临突发事件时，严格服从组织调度，沉着应对，并学会随机应变。

57. 老年人参与志愿服务如何运用智能技术？

志愿服务组织机构可定期对志愿者进行智能技术方面的培训。比如，如何使用一款APP为志愿对象服务，从如何寻找安装这款APP，到APP界面的各种事项流程、板块功能等，都要详细讲解。注意在讲解的过程中，多使用情境教学方式，使老年志愿者在实际参与、操作过程中，掌握智能技术。再比如，培训老年志愿者如何引导志愿对象智慧交通出行，智慧就医服务，可以就近带老年志愿者亲自体验智慧交通、智慧就医、智慧支付等，然后在培训完之后，即刻安排他们去帮助其他老年人学习智能技术。

拓宽老年志愿者的社会参与途径，激发其社会参与的热情。志愿者组织或机构可以建立线上老年志愿者平台，将一些能够线上完成的志愿服务碎片化、灵活化，可以提供更加灵活的参与时间和活动内容。比如，通过电话视频的方式参与志愿服务；通过网络回复邮件帮助志愿对象；通过网络传授技术或技能来教授服务对象知识的志愿服务等。

58. 老年人参与志愿服务能否取得餐食交通补贴？

虽然志愿服务是不计报酬的，但为了使志愿服务顺利进行，同时激励志愿者，给予志愿者一定的补助是必不可少的。志愿者补助一般包括交通、食宿、保险等。为志愿者发放一定的补贴，目的就是为了减轻志愿者的经济负担，增强服务的积极性和可持续性。志愿者组织得以良性持久的发展，政府、社会和个人都从中受益。

举例来说，在加拿大做志愿者，每天工作超过3小时就有交通补贴，超过5小时有午餐费。在美国，志愿者组织30%的经费来自政府投入。

在中国，给志愿者提供交通工具或补贴、工作餐以及购买保险等物质支持很普遍。政府层面对志愿服务项目积极提供资助扶持。在法律层面来说，目前《中华人民共和国慈善法》《志愿服务促进条例》中没有对志愿者补贴作出规定，但有一些地方性法规予以支持。比如《上海市志愿服务条例》规定："对志愿者在从事志愿服务活动中由本人所支出的交通、午餐等费用，志愿服务组织可以给予适当的补贴。"《武汉市志愿服务条例》第二十一条规定："……为志愿者提供相应的安全、交通、午餐等保障。"

59. 老年人参与志愿服务如何维护权利？

老年人参与志愿服务权利受到侵害时，应当寻求法律援助，可以依法向人民法院、政府部门申诉。本文列举与老年志愿服务权利侵害有关的法律法规条文：

《志愿服务条例》第三十六条规定："志愿服务组织泄露志愿者有关信息、侵害志愿服务对象个人隐私的，由民政部门予以警告，责令限期改正；逾期不改正的，责令限期停止活动并进行整改；情节严重的，吊销登记证书并予以公告。"《中华人民共和国慈善法》第六十八条规定："慈善组织应当为志愿者参与慈善服务提供必要条件，保障志愿者的合法权益。慈善组织安排志愿者参与可能发生人身危险的慈善服务前，应当为志愿者购买相应的人身意外伤害保险。"

此外，在一些地方性法规中，也制定了志愿服务权利被侵害时的法律责任。如《北京市志愿服务促进条例》第三十条规定："志愿者、志愿服务组织、志愿服务对象在志愿服务活动中发生争议的，可以协商解决或者通过志愿服务行业组织、人民调解组织予以调解，也可以依法通过诉讼、仲裁等途径解决。"

老年志愿服务组织的发展和管理

60. 什么是老年志愿服务组织？

志愿服务组织是依法成立，以开展志愿服务为宗旨的非营利性组织。老年志愿服务组织，就是指以60周岁以上的老年志愿者为主要成员，弘扬奉献、友爱、互助、进步的志愿精神，充分展现老年人向上向善精神面貌和无私奉献精神品质为特征，在脱贫攻坚、社区治理、义诊医疗、助残助老等领域参加志愿服务的非营利性组织。老年志愿服务组织为老年人创造平台，让老年人在志愿服务中实现“老有所为”。伴随着“积极老龄化”理念日益深入人心，现阶段老年志愿服务组织在运行规范和运作方式方面都更为成熟。就目前来说，老年志愿服务组织仍然存在一些问题。第一，部分老年志愿者的思想观念比较保守滞后，退休后产生无用感心理，参加志愿服务时有瞻前顾后的心理；第二，有的老年志愿服务组织在资金、法律制度等层面保障机制不全；第三，缺乏科学的组织培训，很多老年志愿者都是被临时招募，人员水平、能力等的不确定性就使活动顺利开展存在不确定性；第四，一些志愿服务组织缺乏有效的考评机制和激励机制，不能给予老年志愿者合理公正的评价，影响到志愿者参与志愿服务的积极性。

61. 老年志愿服务组织有哪些特点和类别?

老年志愿服务组织既具有一般志愿服务组织的共性，又因为其主体的特殊性而具有自己的个性，是普遍与特殊、共性与个性的统一。因此，老年志愿服务组织除了强自治性、自愿性、强服务性、强公益性的特点外，还具有平均年龄较高、普遍具有丰富生活工作经验等的主体特征。

老年志愿服务组织分为协会型、协助型、专项型和参与型四种类型。举例来说，首先，以协会型老年志愿服务组织来说，经过民政部门批准注册后，老年人可以通过申请、注册登记等程序而成为协会型志愿服务组织的正式会员；其次，协助型志愿服务组织多在社区居委会或有关机构支持下成立，工作目标是协助社区或机构的工作，因此在一定程度上也具有官方背景；再次，再以专项型志愿服务组织来说，它是一种为特殊目的而专门成立的老年志愿服务组织；最后，参与型老年志愿服务组织即老年人参与其他志愿者组织。不同类型的老年志愿服务组织共同为国家老龄事业的健康发展做着积极贡献。

62. 老年志愿服务组织的定位和使命是什么?

老年志愿服务组织包括以下四方面内容：第一，角色定位。老年志愿服务组织的角色为开展或推广老年志愿服务行动、传播老年志愿服务精神为业务范围的组织机构。第二，价值定位。老年志愿服务组织以弘扬奉献、友爱、互助、进步的志愿精神为价值引导。第三，目标定位。志愿服务组织承担着为政府排忧解难的职能，目标是完善社会保障体系、推动社会精神文明建设或者保护弱势群体。第四，服务定位。志愿服务组织通过自愿的、不计物质报酬参与社会活动的行为，推动人类发展与社会文明进步。

老年志愿服务组织的使命是指老年志愿服务组织在社会中承担的责任、角色及其任务，它是组织存在的根本目的，是实现愿景的途径和方式，反映了社会对老年志愿服务组织的要求，也包含着组织创办者和领导者的价值追求和抱负。老年志愿服务组织的使命核心内容为三方面：第一，老年志愿服务的服务对象范围，即为谁服务，向社会提供何种志愿服务；第二，从事该志愿服务的理由，呈现怎样的价值观、理念和宗旨；第三，老年志愿服务组织带给服务对象和社会一定的公益效果，体现出自身的社会价值和社会影响。

63. 老年志愿服务组织如何登记？

《关于支持和发展志愿服务组织的意见》指出，“坚持积极引导发展、严格依法管理的原则，提供便捷高效的服务，引导符合登记条件的志愿服务组织依法登记”。“各有关部门要在活动场地、活动资金、人才培养等方面提供优先支持，激发志愿服务组织依法登记的积极性与主动性。”这表明，我国积极推进符合登记条件的志愿服务组织依法登记。老年志愿服务组织在登记前需经业务主管单位审查，审查同意之后，方能向登记机关提出申请。发起人应首先向登记管理机关提交基本文件，包括但不限于登记申请书、组织的章程草案、验资凭证、住所证明、会员名单、发起人、拟任法定代表人和负责人的名单、基本情况、身份证明，建立中国共产党组织的工作方案，其中章程草案、拟定法定代表人和负责人，须经2/3以上会员或会员代表表决通过。准予登记的志愿组织，登记管理机关将下发相关团体法人登记证书，上面将标注统一社会信用代码。总之，老年志愿服务组织的登记应遵循国家统一的社会组织登记管理条例和办法，依法、依规、依流程办理。

64. 老年志愿服务组织怎么设置组织架构？

老年志愿服务组织架构设置是对老年志愿服务组织进行结构设计，使各部门之间权责明确，以便更好地开展志愿服务的行为。管理学大师哈罗德·孔茨提出，组织架构的设计应从两方面入手：第一，明确谁去做什么；第二，明确谁要对什么结果负责，消除由于分工不清晰造成的行动上的障碍。老年志愿者组织架构的常见形式如下：

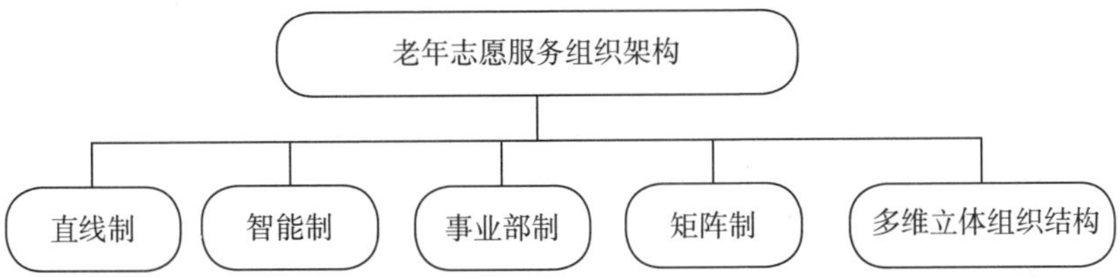

中国志愿服务组织，包括老年志愿服务组织的结构设置，普遍具有同质化倾向，基本上都设置有理事会、监事会和行政层执行机构，它们在志愿服务组织中承担着不同的职能。

65. 老年志愿服务组织需要年审吗？

根据《社会团体登记管理条例》规定，登记管理机关“对社会团体实施年度检查”，业务主管单位“负责社会团体年度检查的初审”，《社会团体登记管理条例》还指出，“社会团体应当于每年 3 月 31 日前向业务主管单位报送上一年度的工作报告，经业务主管单位初审同意后，于 5 月 31 日前报送登记管理机关，接受年度检查”。

一般来讲，老年志愿服务组织年检于每年第一季度进行，如遇特殊情况，可适当顺延时间，但必须于 6 月 30 日结束。老年志愿服务组织年检流程为：

第一步：登记管理机关发出有关年检公告或通知；

第二步：老年志愿服务组织在规定的时间里领取《社会团体年检报

告书》；

第三步：组织按要求准备材料，经业务主管部门审查后，报送登记管理机关；

第四步：登记管理机关按规定的年检内容，进行检查并审核有关材料；

第五步：登记管理机关做出年检结论。

老年志愿服务组织在接受年检时，应提交下列材料：上一年度工作总结和本年度工作计划；上一年度财务决算并附会计师事务所审计报告；《×××团体/组织年检报告书》；《×××团体/组织法人记证》或《×××团体/组织登记证》副本；其他需报送的有关材料。

66. 老年志愿服务组织如何设立党组织？

《关于加强社会组织党的建设工作的意见（试行）》指出，“推进社会组织党的组织和党的工作有效覆盖”，并提出四种设立党组织的方式（详见下文）。老年志愿服务组织设立党组织也遵循这样四种方式：第一，按单位建立党组织。如果老年志愿组织内部有三名以上党员，则按照党章规定，经上级党组织批准，分别设立党委、总支、支部，并按期进行换届。如果组织里的党员人数不足，则经县级以上党委批准可以建立党委。第二，按行业建立党组织。老年志愿服务的行业特征如果比较明显，管理体系也很健全，则可依托行业协会商会建立行业党组织。第三，按区域建立党组织。老年志愿服务组织相对集中的社区、街道、园区等，可打破单位组织之间的界限，统一建立党组织。对于规模小且党员少的老年志愿服务组织，则可就近联合建立党组织。第四，实现全领域覆盖。对于暂时不具备设立党组织的老年志愿服务组织，可通过选派党建工作指导员、联络员或建立工会、共青团组织等途径来帮助他们开展党建工作，条件成熟时及时建立党组织。

67. 老年志愿服务组织如何筹集与管理资金?

老年志愿服务组织筹集资金，即老年志愿服务组织根据自身特点和对资源的需求，通过可能渠道依法筹集日常工作所需资金以及提高社会服务水平所需的资金，从而完成一定的社会使命。老年志愿服务组织筹资的主要途径和方法包括：第一，直接信函，直接以信件方式向目标对象诉求，寄出诸如信函、简介手册或其他相关资料；第二，基金会赞助；第三，寻求企业赞助；第四，通过特定主题活动筹集，比如从跳蚤市场、竞标拍卖到舞台演出等都可选择；第五，寻求重量级捐助，个人捐助者都是金字塔顶端的重量级赞助者，组织者可以从社会的重量级赞助者中寻求突破；第六，政府赞助；第七，做好自身建设和宣传，充分调动志愿者资源。

68. 如何招募和筛选老年志愿者?

招募和筛选老年志愿者的过程，是一个将老年志愿者安排在合适岗位，以满足组织目标，同时，通过老年志愿者与相关岗位相匹配，实现老有所为发展目标的过程。招募和筛选工作可以从三方面入手：第一，宣传很重要。志愿者招募一般有定向招募、社会招募、网络招募和常规招募。但无论哪一种形式的招募，招募的信息都需扩大舆论宣传，如散布机构宣传品、张贴招募启事，利用电视、广播、报纸、当地媒体等加大宣介力度，发动相关人员以微信朋友圈等方式大力宣传。第二，因人制宜很重要。招募和筛选坚持“取质不取量”，不能以简单增加志愿者数量为目的。素质是一个相互衡量比较选最合适的人的过程。由于一些志愿服务，如应急救援类志愿服务涉及的应急通信、城市救援、医疗救援、心理救援、交通服务、安全保卫等需要有丰富经验的志愿者才放心安排，所以在筛选到合适的人选之后，因人制宜非常重要。第三，能够给予一定的奖励也很重要。老年志愿者参加志愿服务不是为了获取物质奖励，而是为了实现人生价值或丰富自己的生活。即便如此，对于老年志愿者来说，物质或精神方面的嘉奖既能够激发他们志愿服务的热情，也有利于老年志愿服务组织招募和筛选到更多合适的人才。

69. 如何组建老年志愿服务队伍?

从生命周期角度来说，老年志愿服务队伍的组建可分为四个阶段。第一，通过一定方式唤起公众志愿热情；第二，通过培训、沟通互动、尊重认可等方法使老年志愿者对工作充满热情，愿意奉献爱心；第三，通过一定的回馈、倾听和关心等措施，留住志愿者，使其成为资深志愿者；第四，通过赋权等方式鼓励老年志愿者。可以通过“友爱江滨”长者志愿服务队的组建，以小见大，窥见老年志愿服务队伍是如何组建起来运转的。佛山市南海区老旧小区——江滨社区。社区较为老旧，空间拥挤，多是退休长者在这里生活，缺少陪伴。小区有一块60平方米的闲置土地，位置偏僻，变成卫生死角。基于上述情况，佛山市南海区阳光家庭社会工作服务中心以社区长者能力和需求为依托，联动社区老年人参与，努力建设“幸福菜园”这个服务实践平台。组建了20人左右的老年志愿服务队，通过团建、表彰等方式加强团队的凝聚力，以老年人志愿者带领社区新市民志愿者，服务社区弱老长者，实现老有所为的自我价值；建造30平方米的幸福菜园种植实践基地，制定一套菜地管理服务模式，确保菜园菜地顺利运作。通过幸福院文体活动吸引老年人到幸福院，带动社区热心企业及新市民志愿者参与到项目中，在社区中形成了积极的影响。社区老年志愿服务队伍在社区社会工作服务中心的发动下成立、培育和壮大，是老年志愿服务队伍组建的缩影。

70. 如何组织老年志愿服务培训？

组织老年志愿服务培训可以从两方面考虑：一方面是采取什么形式进行培训；另一方面是围绕哪些方面进行培训。培训的形式大致分为理论讲解和实践操作两类。理论讲解如何开展以“志愿者技能培训”为主题的宣讲、讲座，相关的阅读、研讨、实地考察、观看录像、专题讨论、案例、角色扮演、示范等。培训的内容主要包括：（1）志愿服务通用知识。这部分内容包括志愿者和志愿服务的概念、责任和定位、服务目的和要求、权利和义务等。（2）专业知识。专业知识培训是针对志愿服务中所需的专门技能进行有针对性的培训，如对老年志愿服务开展的护理专业知识培训、对残奥志愿者的相关专业知识培训等。（3）管理知识。管理知识培训主要针对老年志愿服务的管理人员以及老年志愿者骨干，培训内容为老年志愿者工作所需的计划、组织、协调等方面的管理知识。（4）素质提升培训。素质提升培训分为两个方面：一方面是老年志愿服务者伦理价值观的培训，包括志愿精神培养、尊重服务对象、保护隐私及自我防护等；另一方面是老年志愿服务者素质能力提升培训，包括沟通聆听技巧、自我了解及自信心提升、自我实现等。

71. 如何保护老年志愿者权益？

志愿服务组织要适当安排老年志愿者的工作次数、工作强度等，让他们得到适当的休息。充分的休息有利于老年志愿者顺利安排下次志愿服务，也可以保护老年志愿者的身体健康。志愿服务组织要保护老年志愿者的安全，要考虑到所有对志愿者可能发生的伤害。相关志愿服务组织可通过一定的法规、规章制度等来鼓励和支持志愿服务，保护志愿者的权益。

以北京市老年志愿者协会的《章程》为例，多处明确了老年志愿者的权益。其宗旨部分，指出“从保障老年人合法权益出发，遵从自愿、平等、无偿、诚信、合法的原则，开展志愿服务活动”“本会专职工作人员的工资和保险、福利待遇，参照国家对事业单位的有关规定执行”。北京平安地铁志愿服务在招募时，明确指出“志愿者保障：志愿者保险、提供饮用水（自带水杯）、志愿服务工时和证明等”。

以上海志愿者协会志愿组织为例，规定持有志愿服务证的志愿者有保险理赔项目。凡“上海志愿者”有人身意外伤害保险，被保险人在参加志愿活动期间，因从事志愿工作而遭受意外伤害，会获得一定理赔，也指出了意外伤残责任、意外医疗责任等，具体见上海志愿者官网（volunteer.sh.cn）。

72. 如何关怀老年志愿者？

第一，关怀老年志愿者首先要尊重老年志愿者。尊老爱幼是中华民族的传统美德。我们要像日常生活中尊敬长辈那样尊敬老年志愿者，不能因为志愿者是为他人服务的就有所懈怠。相反，老年人无私奉献、乐于助人的精神值得我们敬佩和学习。第二，要在工作上给予支持。要为老年志愿者发挥自己的特长服务社会创造良好的条件。有关领导和志愿组织者应该了解老年志愿者的工作环境，经常到他们工作的一线去看望和慰问，诚恳地倾听老年志愿者提出的建议，想办法解决他们在工作中遇到的问题。第三，要在生活上给予关心。要关心老年志愿者的身体状况，可以建立健康档案。也要关心老年志愿者的家庭情况，了解家属的健康状况，特别是有家庭困难的要想办法解决。老年志愿者因参加志愿服务工作，影响到家庭情况的，应拜访志愿者家庭，了解实际困难，解决实际问题。第四，要肯定老年人志愿服务的成绩。对于志愿服务的成果应给予肯定与表扬，这样才能更好地激励志愿者的工作热情。老年志愿者亦是，但要注意表扬的方式方法，不能像上级对下级那样，而是应当真诚地赞美，采取谦虚学习的态度，老年志愿者将更容易接受。

73. 如何激励老年志愿者？

老年志愿服务激励机制可分为外部激励和内部激励。外部激励包括：（1）社会回馈型激励。社会和非营利组织创造条件，让志愿者的服务获得反馈和回报。如无偿献血的回报机制就是社会回馈型激励的一种。（2）政策激励。比如，政府、企事业单位制定各种规则法规、政策等解除志愿者的后顾之忧。（3）培训激励。把对志愿者的培训过程作为有效提升其素质和能力的激励方式。如北京奥运会中，志愿者除接受岗位工作的培训外，还可以免费参加其他岗位的培训和学习。（4）组织文化激励。把组织文化的内涵思想贯穿于日常管理活动中，使组织上下形成共同价值观和合力。（5）情感激励。营造以人为本的氛围，使管理多一些人情味，尊重、爱护、关心志愿者，建立和谐人际氛围。（6）宣传激励。充分利用媒体宣传对志愿者进行正面报道，激发志愿者的积极性和主动性。内部激励包括：（1）自我价值型激励。老年志愿者在参与志愿服务的过程中重新发现自身的价值，调整人生的价值取向，从而影响自我评价的改变。（2）自我成就型激励。通过志愿服务，志愿者内心获得成就感，从而产生良好的自我激励。（3）自我发展型激励。志愿者通过参与服务提高自身的交际能力、应对危机能力、领导能力等，完善人格素质。（4）自我愉悦型激励。在志愿服务中寻找快乐，或者善于将忧愁情绪转化，获得愉快的体验。这是维系志愿者长期坚持志愿服务的内在因素。

74. 如何规避老年志愿者在服务过程中的风险？

志愿服务常见风险有：道德风险、政治法律风险、责任风险、信用风险、人身风险、心理与健康风险、经济财产风险等。规避老年志愿者在服务过程中的风险建议如下：第一，预见风险、识别风险，根据志愿服务所涉及的人物（组织、志愿者和服务对象）、时间、地点和事件，找出可能存在哪些危险（原因），以及危险一旦发生可能造成怎样损失（结果）的过程。志愿服务组织在志愿活动之前，要识别有可能的志愿服务风险，按照每种风险发生的可能性、严重性和可控性进行分类与评分。可分别用红、黄、绿来标注志愿风险等级。一旦发生风险，第一时间识别并采取相应措施。第二，进行风险培训演练。通过培训和演练，可以使应急人员熟悉自己的任务，具备完成指定任务所需的相应能力，提升志愿团队整体协调性，使团队能够在紧急时刻做出及时的应急响应。第三，在细节部分加强风险防范。招聘环节严格审查，对于有不良记录的志愿者限制其参加相关志愿服务项目；对于风险较大的志愿服务，比如抗灾活动，一般不开展较大的志愿服务范围；对于志愿服务的时间、地点、对象和具体的内容予以明确，减少后续一些不必要的问题；志愿组织分担志愿服务风险，可为老年志愿服务者建立风险预备金，购买相应保险。

75. 如何对老年志愿服务项目进行策划和立项？

老年志愿服务项目策划流程为：分析项目→评估项目→确定项目目标和范围→授权实施项目。老年志愿服务项目策划的内容包括：确定项目目标成果及其范围、项目的利益相关方、项目必备的资源，对组织实施项目的可行性进行分析。

对老年志愿服务项目进行策划和立项，可以把具有逻辑关系的项目指标体系以表格方式来清晰指导项目规划和项目管理，提高项目效率。如下表所示：

指标项	具体实践途径
（1）为什么项目要进行（目标与目的）？	
（2）项目希望达到怎样的成果？	
（3）项目如何能达到这些结果（投入与行动）？	
（4）对项目起关键作用的外在因素有哪些？	
（5）如何评估项目是否成功？	
（6）从哪里得到评估需要的数据？	

这个逻辑框架可广泛运用于志愿服务项目的整个周期管理的各个阶段。在实际操作中，必须充分考虑和尊重项目执行机构的规划方法和规划程序；根据老年志愿者管理人员、老年志愿者和项目其他参与者的知识水平、文化特征，组织发展阶段与团队归属以及社会层次等灵活采用不同的方法。

76. 如何执行管理老年志愿服务项目？

管理老年志愿服务项目可以从以下几方面出发：第一，团队管理。由于老年志愿服务团队成员大多是基于自愿、不为报酬来参与志愿服务的，成员之间各自的背景、知识技能和经验也可能有很大差异，因此，管理时需注重应用人本主义理念，组织通过赋权激励老年志愿者参与到组织的治理和管理工作中来。第二，沟通管理。对外沟通、项目事件和工作绩效沟通需要正式沟通，可采用会议、报告等方式，而项目人员内部沟通则可采用一些非正式方式，比如使用谈话、团队娱乐活动、聚餐等方式来使沟通更有效。第三，时间管理。对于有浮动的项目时间，可适当缩短；为项目制定单元时间，即按天完成，按周完成，按月完成等。第四，目标管理。是指老年志愿服务项目的最终成果与任务必须转化为具体的目标，以阶段性目标作为行动导向。第五，成果管理。①成果总结与提炼。根据项目评估指标计划，总结提炼项目经验与知识。②知识化与标准化。根据志愿服务经验，转化为可供其他老年志愿者操作的管理流程、知识手册。③成果转化、复制。将经验应用于其他地区和不同的群体之中。④政策倡导与具体建议。根据服务成果提供建议，改善志愿服务政策环境；分享公益成果，让更多的人能够共享公益成果。

老年志愿服务的主要方向和重点项目

77. 老年人如何做生态环保志愿者？

首先，学习环保知识，树立生态环保意识。老年人在日常生活中对影响自己的环境问题较为关注，因此，可以从老年志愿者生活场所社区作为切入点，由老党员牵头组织开展志愿者环保专题问答；利用社区的宣传栏、横幅等策划环保专题；对国家大力推行的环保政策进行释疑；公布本地区空气、水的质量标准，曝光破坏环境的企业等。引导老年志愿者主动承担环保宣传的任务。其次，践行环保理念，做生态环保实践上的践行者。第一，做环境污染的监督者。帮助环境监管部门及时发现、上报新的或隐蔽的污染源。第二，做节能降耗的宣传者。人类每天对石油、煤炭等资源的巨大消耗使这些不可再生资源存量越来越少，老年志愿者可以参与这方面的宣传活动。第三，爱绿护绿，清洁环境。大的爱绿护绿行动可以是工程规模的，如与沙漠的扩张作斗争——沙漠植树；小的可以是身边的环保，比如植树、清除小广告、清理公共场所的垃圾等。最后，言传身教，做青年环保志愿者的引导者。老年志愿者的空余时间比较多，又有较多的生活经验。比如植树活动，老年志愿者就可能比较有经验，可以作为一名长者来指导青年志愿者如何完成任务。

78. 老年人如何做治安巡逻志愿者？

公安机关是社会治安的归口管理部门，为社会和谐稳定健康发展保驾护航。社会治安志愿者是对公安机关的补充和协助，他们对自己周围的环境更熟悉，并散布在各个区域，可以与公安机关一起，形成一个更为完整的社会治安防控网络。

老年人参加社会治安志愿服务，第一，要先进行理论宣贯，掌握基本的防范业务知识、法律法规和安全自卫技能，在理论上了解如治安巡逻、治安防范宣传、交通安全宣传、抢险救灾、防火防盗防毒、纠纷调解等知识。第二，应当在条件允许的情况下进行实操训练，如设计一些场景、情景、纠纷让老年人尝试处理问题，这样既相应地提高了老年人问题分析处理的能力，也借此机会让组织更加了解想要加入志愿组织的老人们，更便于后续工作的开展。

特别要注意，老年人虽然阅历丰富，有些老年人甚至擅长做志愿服务、安全维稳、纠纷调节等杂事、碎事、“惹人”的事，但也要注意在尽力而为中量力而行，要时时刻刻把自己的生命安全放在第一位，遇到可疑、复杂情况应及时向有关部门反映，千万不要擅自决定自行解决，以免出现意外事故。

79. 老年人如何做民事调解志愿者？

第一，要建立威信。做一名民事调解志愿者，在调解对象面前树立威信是很重要的，更容易赢得调解对象的信任，调解的成功率也较高。民事调解志愿者树立威信应该从平时做起：不断地学习积累、扩大知识面；给人以正直、自信、果敢、有激情的印象；处理事情要公平、公正；关心公共利益；在居民有难题困扰时要能给予指导；平时做事情要言行一致。

第二，要了解必要的法律法规知识。民事调解志愿者要学习了解与民事调解相关的婚姻、继承、劳动争议、房屋买卖、赡养、交通肇事赔偿等方面的法律法规，以便在具体做调解工作时有依据。

第三，平时经常到居民家中走访，了解群众关心的热点、难点问题。平时的走访，可以在与居民简短的谈心中，及时发现各种家庭婚姻、邻里关系、民事纠纷等问题，在这些问题还处于萌芽状态时予以化解，避免矛盾纠纷的扩大。

第四，在调解过程中，要做到耐心、细心、知心、贴心。民事调解的工作，一般都比较琐碎，如果没有耐心是做不好的。细心可以发现调解中的细节问题，把握好细节对调解的成功会起到关键作用。知心、贴心则可以与调解对象拉近感情上的距离，获得被调解人的信任，从而利于顺利解决问题。

80. 老年人如何做会议赛事志愿者？

老年会议赛事志愿者在会议的会前、会中、会后或赛事的赛前、赛中、赛后不同阶段中发挥着不同的作用。当然，考虑到老年人体力精力相对较小，应分配他们主要做基础性工作。

第一，老年人做会议赛事志愿者也应该提前接受相关培训，包括但不限于会议、赛中的基本礼仪、注意事项、言谈举止，以避免因老年人不了解、不知道或明知故犯等错误影响整个活动效果。第二，会前或赛前，老年志愿者可以帮助做好宣传工作，在会议现场或赛场布置中则以看护、发放物品，取餐、送餐等后勤工作为主，帮助做好物品使用登记，保证会议或赛事在物资供应上充足。第三，会中或赛中，应当最大限度发挥老年人优势长处，如有老年人从医数载，在着急用医而医资紧张或救治时间紧张的情况下，让老年医者迅速出面解决。第四，会后或赛后，老年人主要做好垃圾清理和废物再利用工作，本身有任职的还可以做好关系维护、资源拓展、会议总结改进等工作。总之，老年人做会议赛事志愿服务工作，应秉持因人制宜、因时制宜的基本原则，既考虑到老年人本身的需求，考虑到老年人自身的能力，又考虑到会议或赛事的要求。

81. 老年人如何参与关爱留守儿童志愿服务?

老年志愿者作为关爱留守儿童的重要群体，他们可以从以下三方面入手：

一是心灵上给予安抚。留守儿童更缺少爱，更渴望得到家人的关心和社会的关注。留守儿童父母常年在外务工，儿童时期常独处或者与爷爷奶奶相处，久而久之，极其容易形成自闭心理，沉默寡言，不善表达，老年志愿者可以承担起长辈的责任，经常到这些孩子家中，与他们沟通交流谈心，让他们感觉到温暖和关爱。

二是物质上给予帮助。老年人志愿服务组织可结合组织的实际经济情况，根据留守儿童实际需要，送去文体用品和生活用品等，帮助解决他们学习材料与生活用品不够的问题。当然，也必须知道，物质上的帮扶不是最根本的，扶贫先扶志、扶智，这也是我国教育扶贫的基本指南。

三是活动中丰富情感。开展丰富的活动也是老年人关爱留守儿童的重要途径和方式。老年人可以利用社区老年活动中心，在星期天和寒暑假组织各式各样的文体活动，既锻炼老年人身体，同时还可以帮助留守儿童在活动中开发智力、强身健体，例如下棋、跳绳、踢毽子、打球等各式各样活动，满足留守儿童的情感慰藉和身体发育需要。

82. 老年人如何做青少年科普志愿者？

首先，应该做好理论准备。老年科普志愿者的服务内容一般有：宣传科学思想、科学精神、科学知识；服务的主要形式有科普培训、科普咨询、科普论坛、科普展览、科普阅读、科普竞赛等。老年科普志愿者应该学习一些理论知识、科学思想、科学精神，掌握一些基本的科学方法，做到心中有数，这是此类志愿服务开展的第一步。

其次，老年人应具备一定的思维、素质和能力。今天，科学技术日新月异，国家发展生机蓬勃，在这个万事万物随时随地都在发生变化的时代，只有做到随之而变、随机应变或许才不会被时代抛弃。老年人年龄虽高、身体虽老，但思想活跃、观点丰富、紧跟时代，可谓宝刀未老。有些老年人“返老还童”，生活更健康、精神更矍铄、态度更积极，与青少年能“打成一团”，这些品质和特质对于做青少年科普非常重要。

最后，发挥带头示范作用，树立终身学习的榜样。学无止境，老年人也可以做到活到老学到老。学习科学知识，具备不错的文字和表达能力、科学和技术知识；学习新时代的科学精神，积极主动崇尚科学，远离社会丑恶现象，做青少年的表率；投身实践，培养青少年对科学的兴趣，为科教兴国尽一份力。

83. 老年人如何做爱国主义教育宣传者？

老年人主动做爱国主义的践行者、爱国主义教育的宣传者，将爱国主义内化于心，外化于行，可以从以下方面努力：第一，坚持正确的意识形态导向。老年人首先要明确做爱国主义教育宣传者，也即做爱党和爱社会主义的宣传教育者。而马克思主义是我们立党立国的根本指导思想，因而做爱国主义教育宣传者首先就是要坚持正确的意识形态导向。第二，做爱国主义精神传播者。现阶段的老年人基本上比较完整地经历见证了新中国70余年的发展变迁，老年人可以结合自己所了解到的党史、新中国史、改革开放史，结合所见所闻，采取主题演讲、会议座谈、小组讨论、节目采访、短视频录制等多种途径讲述自己的爱国认知、爱国故事，激发听众爱国热情。第三，率先垂范，做爱国主义精神践行者。爱国主义不是抽象的，而是具体的，它体现在每个人的言谈举止和关键选择中。体现在老年人关心爱护环境，不随地吐痰，不乱扔垃圾，做好垃圾分类等方面；体现在以正确的三观影响教育后代；体现在积极弘扬中华民族优秀传统文化，保护和宣传非物质文化遗产；体现在离退休之后仍积极关心国家大事，为国家、社会贡献智慧和力量……老年人做爱国主义精神的践行者，本身就是对爱国主义的最好诠释和宣传。

84. 老年人如何做助残志愿者?

第一，助残志愿者在帮助聋人时，最好掌握常用的一些手语。老年助残志愿者可以参照《国家通用手语常用词表》等工具书学习手语，也可以去残疾人联合会的网站（https://www.cdpf.org.cn/）搜索相关知识。

第二，掌握推轮椅相关知识。比如，志愿者在推轮椅时，要注意把残疾人的脚放在踏板上，以免造成二次损伤。在推行过程中，避开凹凸不平的地面，保持轮椅平稳。如果想要将轮椅后倾，应该首先用脚控制倾后杆，手握推柄，使轮椅缓慢后倾。上人行道时，应该先后倾轮椅，将轮椅推动直至大轮触到道边，小轮轻轻下降；下人行道时，应该先后倾轮椅，将轮椅向后推动直至大轮触到道边，轻轻下降大轮。在上下楼梯台阶时，志愿者需要估计轮椅及使用者的整体重量，安排三四人，一起将轮椅连同使用者抬上或抬下楼梯。如果是电梯，避免使用电动扶手电梯，尽可能使用升降电梯。

第三，做导盲服务时掌握一些技巧。志愿者在走近盲人时应事先告知，以免盲人受到惊吓。导盲行走过程中，注意脚步的速度，既不过快过慢，也不忽快忽慢。在进出门、进出电梯、楼梯的转弯处、遇到障碍物时要及时告诉盲人。志愿者要暂时离开盲人时，不能将其置于水沟、建筑工地、空旷场地等危险处，而应将其带到一个能触摸到的物体（如椅子，栏杆）前面，使盲人拥有安全感。

85. 什么是“银龄行动”？

2002 年，“银龄行动”经国务院批准、由全国老龄工作委员会在全国开展的老年知识分子援助西部大开发的行动，简称为“银龄行动”。自 2006 年起，“银龄行动”成为老年志愿服务的重要品牌活动。2009 年以后，“银龄行动”成为一项常态化的老龄工作。“银龄行动”开始由最初的统一组织逐步转变为地区之间的自发联系，使得老专家的供给和需求更加平衡，针对性更强，效率更高。2013 年年底，很多市区的“银龄行动”已经深入基层社区，极大地扩大了“银龄行动”的影响力。2023 年，《中共中央　国务院关于加强新时代老龄工作的意见》中指出，深入开展“银龄行动”，引导老年人以志愿服务形式积极参与基层民主监督、移风易俗、民事调解、文教卫生等活动。

“银龄行动”开展以来，得到了党和政府的高度重视。部分地区的党政府领导亲自担任领导小组组长，亲自协调解决问题。社会各界也通力合作，有力地推动了“银龄行动”的实施和开展。各地充分利用电视、报刊、互联网、公益广告等形式，大力宣传“银龄行动”，为“银龄行动”的迅速发展营造了浓厚的社会氛围。

86. 如何参与“银龄行动”？

目前，一切围绕经济建设和社会发展而组织开展的“老有所为”活动，都可以纳入“银龄行动”之中。老年人要加入“银龄行动”，需要了解自己是否符合一定的条件。“银龄行动”招募志愿者时，一般要求年龄在 70 岁以下，身体健康、精力充沛、有乐于做贡献的愿望，在一些专业领域具有职称技术专长的老年知识分子。

“银龄行动”招募的启动，一般由地方老龄工作部门联合其他单位和部门，通知各个新闻媒体，对招募工作做广泛的宣传，老年知识分子也可以与当地的老龄工作部门联系，预先把自己的情况告诉对方，工作部门可以把资料加入老年人才资源库，在正式招募时，就可能被提前注意到了。我们以 2022 年深圳“乐龄田林　乡村振兴”银龄行动招募为例，招募类别为“医疗组”和“教育组”，在招募条件中，写明“不超过 65 周岁的老年知识分子，思想品质好，党员优先，身体健康，有相关荣誉证书、资质证明、成功经验。条件优秀者可适当放宽年龄及职称要求”。报名流程：第一，递交报名材料，包括报名表原件（可在企业微信深圳老年科协全员群内下载），一寸照片，一年内体检报告，职称证，身份证等。还需录制 3 分钟左右授课视频或自我介绍视频等。第二，材料寄送至深圳市老年科技工作者协会。

87. 什么是巾帼志愿服务?

巾帼志愿服务是指不以营利为目的，经妇联组织安排，志愿者根据自身特长和专业，无偿地、主动地参加志愿活动，包括社区服务志愿者、家庭志愿者、维权志愿者、科技服务志愿者等各类志愿服务队伍。早在20世纪五六十年代，我国城乡就活跃着一支支巾帼志愿者队伍，如北京的“三八”服务组，几十年如一日，义务承担着辖区烈军属、特困户、五保户的日常生活服务工作。随着我国社会的发展，巾帼志愿者队伍如雨后春笋般蓬勃发展，成为良好社会风尚的倡导者和社会主义精神文明的传播者、实践者。

2021年，全国妇联、中央文明办联合印发的《关于推动新时代巾帼志愿服务发展的意见》指出，在中国特色志愿服务大局中进一步发挥巾帼志愿服务优势、贡献巾帼志愿服务力量，广泛开展巾帼志愿服务关爱行动，推动新时代巾帼志愿服务创新发展。2021年7月出台的《“十四五”时期妇联事业发展规划》提出，力争到2025年每个城乡社区都有巾帼志愿服务队伍或开展巾帼志愿服务。

当前，全国注册巾帼志愿者有2400万人左右，巾帼志愿者队伍有35万支左右。巾帼志愿者已经成为积极的地方志愿行动者。其志愿服务的重点涵盖面更广，包括关爱弱势群体、帮扶困难家庭、心理疏导、法律咨询与援助、家庭关系调适、环境保护、城乡文明创建等方方面面。

88. 老年妇女如何参与巾帼志愿服务?

放眼全国，各地加入巾帼志愿服务的要求和流程不完全一样，以微信公众号、微信小程序、建立微信群、支付宝城市服务等方式注册、登录、报名居多。老年妇女应根据户籍所在地或常住地加入巾帼志愿服务队伍的要求，按照指定流程，提供相应的材料，加入巾帼志愿服务组织。

以民政部志愿服务官方网站中国志愿服务网（https://chinavolunteer.mca.gov.cn）为例，第一步，在网站完成实名注册成为志愿者。第二步，点击志愿团队板块，选择所在地区，输入具体的巾帼志愿团队名称，或者输入关键词“巾帼志愿”，选择团队咨询加入流程即可。也可通过各地区的志愿者网站申请加入巾帼志愿服务。

以上海志愿者网（www.volunteer.sh.cn）为例，第一步，实名注册上海志愿者。第二步，在志愿团队中，选择具体的巾帼志愿服务团队名称，诸如选择“巾帼园志愿服务基地”。之后，只需要两步即可一站式加入上海市巾帼志愿者基地，在新时代志愿服务中彰显巾帼力量。还可以通过各地政府的相关微信公众号或小程序来进行注册。

以加入郑州巾帼志愿者为例，第一步，搜索志愿郑州小程序；第二步，点击右下角个人中心，进入登录界面；第三步，点击右下角“注册”，进入注册界面；第四步，填写注册信息；第五步，注册完成。

89. 有哪些适合老年人的红十字志愿服务？

红十字志愿服务是指“遵循‘人道、博爱、奉献’的红十字精神，由红十字志愿者、志愿服务组织自愿、无偿向社会或者他人提供的人道服务”。红十字志愿服务内容包括应急救援、应急救护、人道救助、防灾减灾、无偿献血、造血干细胞捐献、遗体和人体器官捐献、红十字精神传播、康复护理、社区服务、乡村振兴、养老服务、心理健康、人道资源动员、国际人道援助等领域。事实上，没有哪一项红十字服务是专门针对老年志愿者开设的，适合老年人的红十字志愿服务应该既是根据老年人时间精力、需求愿望、个人技能优势等因人制宜的，又是根据实际服务项目需要因事制宜的。比如，北京市红十字风之彩志愿服务大队组织 23 名红十字志愿者，在康泽佳苑小区开展“社区志愿日”活动，为社区居民提供理发等便民服务活动。再比如，北京红十字彩虹志愿服务队的志愿者很多是退休医生、退休护士等，他们在朝阳医院为患者提供导诊、挂号、取药、送检、维持秩序等服务，为患者提供帮助。红十字彩虹志愿服务队还经常为志愿者培训，提升志愿者的沟通能力和专业技能。

90. 有哪些适合老年人的全民健身志愿服务？

目前，全国各地陆续开展内容丰富、形式多样的全民健身志愿服务活动，诸如科学健身指导类、健康管理类、传统民族体育类、特色运动科普类、赛会志愿服务类等多种志愿服务活动。老年人群体大多拥有充足的时间、较高的热情并掌握一定的知识，参与进全民健身志愿服务活动中无疑为我国建设体育强国提供支持。

结合实际，老年人可以参加如太极拳健身进社区志愿服务、为群众开展免费测试体质志愿服务、广场舞志愿服务、健康骑行志愿服务、健身秧歌志愿服务、五禽戏志愿服务等，具体可以完成以下工作：第一，深入社区街道，宣传全民健身的重要性，引导广大群众多运动多健身；第二，经过相应的培训，配合体育从业人员，向他人讲解健身运动的常识，如在健身时应如何避免受伤、受不同程度的伤应该如何快速解决等知识；第三，组织一定规模的健身活动，如广场舞活动，言传身教，教广大群众学广场舞的基本动作，激发广大群众参与活动的积极性。

91. 有哪些适合老年人的乡村振兴志愿服务？

我国乡村地区 60 岁、65 岁及以上老年人的比重平均占比达 20%，他们大多有经验、技能等优势，也有继续劳动的身体条件，是乡村地区不可忽视的庞大人力资源。在乡村人口老龄化以及乡村振兴的时代背景下，老年人参与乡村振兴是促进老年人社会参与，为乡村振兴战略增加发展动力的重要路径。2018 年，中共中央、国务院印发了《乡村振兴战略规划（2018—2022 年）》，从构建乡村振兴新格局、加快农业现代化步伐、发展壮大乡村产业、建设生态宜居的美丽乡村、繁荣发展乡村文化、健全现代乡村治理体系、保障和改善农村民生、完善城乡融合发展政策体系等方面擘画了乡村振兴的大蓝图，这亦是老年人参加乡村振兴志愿服务的根本方向。

92. 有哪些关心下一代的志愿服务项目？

为了明天——预防青少年违法犯罪工程。此项目积极发动包括志愿者在内的社会力量对闲散青少年、有不良行为的青少年、农村留守儿童、服刑人员的未成年子女、流浪儿童青少年等重点群体进行志愿服务。目的是营造全社会关心支持预防青少年违法犯罪工作的良好氛围，更有针对性地帮扶重点青少年。

关爱女孩青年志愿者行动。该行动广泛动员青年学子倡导性别平等、保护女童合法权益。此行动旨在充分发挥青年人参与社会、志愿服务的热情，引导青年在服务和奉献过程中体现价值、完善自我，在倡导性别平等中发挥重要作用。

关爱农民工子女志愿服务行动。此行动积极动员志愿者与农民工子女建立长期结对帮扶关系，深入开展学业辅导、亲情陪伴、自护教育、爱心捐赠等内容的志愿服务活动。

大朋友。此项目的服务主要是国家级贫困县留守儿童或跟随父母打工的城市流动儿童。对志愿者“大朋友”的定位是陪伴者、倾听者、人生道路的分享者。项目的活动形式是志愿者（大朋友）与同性别的小朋友 1 对 1 地结成对子，每月至少写 1 封信、每年至少见面 1 次。通过这样的方式，志愿者与服务对象彼此传递关爱、建立友谊。

93. 退休医生如何参与志愿服务？

我国基层医疗卫生人员队伍存在人员短缺、服务能力相对不足的问题，同时，我国每年又有大量经验丰富的二级以上医院医务人员，因为退休离开医疗岗位，造成人力资源的极大浪费。2021 年，国家卫健委发布《关于启用银龄医生进基层服务专栏的通知》，鼓励退休医务人员到乡村基层医疗卫生机构服务，既是国家人力资源的配置优化，又是退休医生参加志愿服务实现价值的良好方式。

2021 年 10 月，国家卫生健康委通过开设“银龄医生进基层”服务专栏，为退休医务人员到乡村基层执业提供了便捷通道。此专栏面向基层医疗卫生机构和退休医务人员两类用户。银龄医生参加志愿服务进基层的基本流程为：电脑端可通过卫人就业网（www.weirenjob.com）首页专属平台入口进入。手机端可首先关注公众号“卫人就业网”（微信号：weirenjob），点击底部菜单栏“招聘资讯”，跳转进入“银龄进基层”。基层医疗卫生机构用户注册账号并审核通过后，可以使用职位管理（职位发布、修改、下线）、人才管理（简历查看与处理）、面试日程（视频面试、线下面试）等功能。退休医务人员用户注册账号及完善个人资料后，即可根据自身技能投递合适的岗位，并可通过求职中心查看收藏、订阅、关注的职位和基层医疗卫生机构，得到应聘反馈信息。

94. 退休教师如何参与志愿服务？

乡村教育是我国教育的短板，而师资又是乡村教育的短板。银龄讲学计划是继公费师范生、特岗教师计划之后，又一项国家层面支持教育发展的重要举措，为我国广大退休教师继续投身教育事业、实现自身价值提供了广阔空间。退休教师如何参加志愿服务，即参加银龄讲学，可参考《关于做好2022年银龄讲学计划有关实施工作的通知》（以下简称《通知》），以判断是否满足条件。《通知》中指出，“银龄讲学计划”的范围为：以县为基本单位，主要是脱贫地区，欠发达的民族县、革命老区县等，重点是国家乡村振兴重点帮扶县、原“三区三州”等深度贫困地区的学校。“银龄讲学计划”的资格条件为，年龄在65岁以下，满足政治可靠、师德高尚、爱岗敬业、业务精良、身体健康等条件的退休教师（以校长、教研员、特级教师、骨干教师为主）。对于教师的职称要求为中级及以上职称，高级职称为主。原单位退休教师返聘不列入此计划之中。在岗位职责层面，以“需求为本、形式灵活”为基本原则，讲学校长可任学校副校长，参与学校管理；讲学教师可开展以课堂教学为主的讲学活动等。

95. 如何参与时间银行互助养老？

近年来，“时间银行”互助养老志愿服务应运而生，且影响力不断扩大。所谓时间银行互助养老，即志愿者将参与公益服务的时间“存”起来，当自己遭遇困难时就可以从中支取“被服务时间”。时间银行的本质是互帮互助、共建共享。年满18岁且身心健康的当地市民都可以参与成为时间银行志愿者。各地方也结合本地特色优化时间银行的内容，推出各具特色的项目。参加时间银行互助养老是一代帮一代、低龄帮高龄，服务换取服务。在“时间银行”里，居民们在良性互动中提升了对社区的认同感和归属感，稳定了对养老的未来预期。

目前，北京、广州、深圳等地陆续发展出基于本土的，特色鲜明的时间银行互助养老公益模式。以“深圳义工”志愿服务平台为例，会经常贴出一些社区对时间银行义工的招募。比如 2022 年，海涛社区发的招募帖，报名条件为：18—70 岁，居住在本社区，身体健康，有时间，有奉献精神；愿意为本社区老人提供服务。服务内容包括：为本社区有需要的一类（中度以上失能老人）、二类（独居、空巢等老人）提供义务帮助；为老人助急、助医、助行、助餐、助乐、助养等服务计入时间积分。招募帖中写明报名联系人以及其联系方式。

96. 老年人互助养老主要有哪些项目？

中国互助养老多来自民间，为应对人口老龄化的自发性策略。目前较为活跃的老年人互助养老项目有：农村互助幸福院、时间银行式互助以及结对抱团式互助。第一，农村互助幸福院。农村互助幸福院主要是指由政府和村民共同出资，为村里的老人筹建互助幸福院。老人所需要的一些生活用品、公共物品则需要自己或集体购买。这种形式的互助养老项目以最低的成本来为老人提供更好的服务，使老人得到周全的照顾。让老人真正做到老有所养，即使子女不在身边，周围也能有同龄的老人陪伴。第二，老伙伴计划。由稍低龄的老年志愿者向高龄老人提供帮助，这种帮助的形式更像是家庭式的。主要提供日常问候、沟通，生活指导，健康科普，生活常识，应急帮扶等。这种志愿形式更多提供的还是精神上的关爱，不能给予亲情上的关爱，所以还需要子女经常回家看看，关注老人。第三，关怀 1+1。由低龄健康的老人为高龄需要帮助的老人提供相应的帮助。主要的照顾对象有残疾人、空巢老人、高龄老人、孤寡老人等，满足这些老人所需要的关怀、陪伴、照顾与日常探望等需求，也会通过组织一些活动来满足老年人的精神需求，让老年人也能有丰富的精神生活，老年也不会觉得孤独。

中国港澳台地区及国外老年志愿服务

97. 中国香港地区老年志愿服务情况

在香港地区，老年志愿者被称为“老年义工”，香港政府将“老有所养、老有所属、老有所为”作为安老政策的目标，全面推行长者义工计划，大力发展老年志愿者队伍。社会组织在老年志愿服务中开展个性化活动、技能培训、运用科技力量，积极推动本地老年义工服务社区建设，在香港地区老年义工发展中起到十分重要的作用。香港特别行政区政府通过制度建设为社会组织的发展提供制度保障，促进社会组织的健康发展，引导公众树立对社会组织的信任和支持。

相对于传统的标准化活动，社会组织会根据部分老年人的特点设计有针对性的志愿服务工作。以圣雅各布福群会退休人士义务工作协会为代表的社会组织，对参加活动的老年人进行相应的技能培训，专门开展家庭照料等居家服务活动。我国香港地区社会组织让老年志愿者制订活动计划，共同设计活动内容，让老年志愿者自己策划活动，分配任务，以便持续招募、参与和留住老年志愿者。对于复杂的社会问题，需要科学技术手段不断发挥作用。我国香港地区社会组织积极提升运用互联网技术的能力，让更多有专业技术的人才加入社会组织中，既能使内部管理更加高效，同时又能够提升志愿服务的水平。

98. 中国澳门地区老年志愿服务情况

在澳门，平均每 100 个人中，就有 15 位是义工，也就是志愿者。澳门人习惯在空闲时间去当义工。澳门义工团体达 3000 多个，如海岛市居民群益会、公立医院医生协会、澳门明爱生命热线等。澳门义工团体登记注册非常方便，澳门义务工作者协会负责人说，只要有服务社会的想法，就可成立义工团体，团队只有一个人也可以。

澳门长者义工众多，很多长者义工在“社会参与、家庭照顾和原居安老”的基本原则下，积极参与义工服务。他们在力所能及的情况下，积极参与各种社会义工活动。比如，他们可能参与红十字会、义务工作者协会等组织。如果长者义工有一些想法，比如想为生命垂危的病人进行临终关怀，那么他可以按照相关的流程，在确定没有同名团体的情况下，申请成立相关志愿团体。

在澳门，长者义工会通过多种途径参与培训，而且培训是开放式的。即便未加入某义工组织，都可以通过各种途径参与培训。在澳门，长者义工为社会公益志愿服务时，也会有一定的补贴。在澳门，如果一项公益活动需要义工服务，主办方会自觉给予义工餐饮、交通等方面的补贴。

99. 中国台湾地区老年志愿服务情况

台湾地区的志愿服务始于 20 世纪五六十年代（当时叫“义工”），其宗旨是积极倡导公益精神，以引导义工自愿为社区提供服务来推动公益发展。20 世纪 90 年代末期，行政机关推出了“社会祥和计划”专案，自此，志愿服务得到蓬勃发展。台湾地区志愿服务种类繁多，诸如社会福利类、文化教育类、警务类、环保类等。台湾地区志愿服务注重以法来引导行动。比如相继颁布制定了《志愿服务法》《志愿服务奖励办法》《内政业务志愿服务奖励办法》等多部法规。在台湾，家庭、社会、学校都非常重视培养义工理念，“当志工、行善举”蔚然成风。台湾地区有比较完善的志愿服务机制，行政主管部门每年都将志愿服务的相关费用纳入财政预算，通过竞标向社会购买所需的社会服务项目并为志愿服务项目提供必要的经费和场所。各地还实行“社工督导”制，帮助和监督志愿服务组织和社区人员积极开展志愿服务行动。在权益保障机制上，明确志工的权利和义务，依法保护志工合法权益。台湾地区无处不在的志愿服务，将“自助与助人、利己和利他”紧密结合起来，传递社会正能量。大批志愿者在社会救济、环境保护、科技普及、就业指导等领域做出了巨大的贡献，有效地促进了社会的和谐与稳定。

100. 日本老年志愿服务情况

作为老龄化速度最快的国家，日本面临着巨大的压力。日本政府一直鼓励有关老年人“社会参与”的政策，尤其在志愿服务方面。由于日本老年人对生活满意度在所有工业化国家中最低，所以日本也在进行老龄化政策改革，涉及劳动力、教育和长期照护等方面，以适应老年人口的需要。

日本 65 岁及以上老年人志愿服务参与度达到 26% ，在东亚地区相对较高。“日本海外合作志愿项目”是在日本影响较大的志愿者项目。项目成立于 1990 年，旨在为 44 岁至 69 岁的专业人士提供在发展中国家志愿服务的机会。自项目开展伊始，日本政府就给予充分的资金支持。

每位志愿者每月可以获得20.8万至33.17万日元的生活补贴及10万日元的补助。

在日本稻城，“照顾者支持项目”是运作比较成功的老年志愿项目。60岁以上的老年志愿者在每周需要为居家或需要院舍照护的老人提供两小时的服务。服务的项目包括组织院舍娱乐活动、照顾老人用餐、帮助老人外出活动、参与社区公益活动、陪老人聊天、院舍管理等。每次服务之后，志愿者将获得最高达5000日元的优惠券，用于减免长期照顾保险需要缴纳的费用。基于在稻城运作的成功经验，这个项目逐渐在其他城市发展起来。

101. 新加坡老年志愿服务情况

在新加坡，老年人一般被称为“乐龄人士”。相较于英国的高福利模式，新加坡主要通过低福利政策来实现老年人社会参与，例如给退休老年人设置养老账户最低存款额，迫使新加坡老年人晚年生活忙碌起来，以充实自己的晚年生活。

新加坡政府于1998年成立了“乐龄义工”组织，该组织主要由乐龄志愿者设立，其主要工作内容是由老年人为社区提供服务，包括监督小学生学习、教导其他老年人学习和使用电子产品、担任机场大使等。2013年，新加坡活跃乐龄理事会推出了“长者伙伴计划”。该计划主要是将生活方式被动的年长者与较为活跃的年长者进行配对，以此建立友谊、发展兴趣、丰富老年人的生活。这一项目被形象地比作“咖啡”和“面包”的配对，“咖啡”即较为活跃的年长者，“面包”即生活方式被动的年长者。

2015年，乐龄义工组织与50多家志愿服务团体和企业合作，在其国内50个地点主办了50项义工活动，组织形式异彩纷呈，包括老年人教导弱势或残疾人做手工，到失智症日间中心探访病人，给小朋友们讲故事等。2017年，新加坡政府新修订的《退休与重新雇佣法令》将退休后年满65岁的老年人的法定受雇年龄进一步放宽至67岁，即只要身心条件允许，67岁的老年人也拥有法定参与社会生活的权利。

102. 美国老年志愿服务情况

美国的老年志愿服务，分为联邦政府主导的全国性老年志愿服务计划和非政府主导的老年志愿服务项目。第一，以联邦政府主导的老年团来说，这是唯一一个以年龄划分参与对象的志愿服务计划。老年志愿服务计划包括三项具体计划：寄养祖父母计划、老年同伴计划、退休和老年人志愿者计划。寄养祖父母计划招募60岁及以上的老年志愿者为托儿所、学校、戒毒中心、医院里的残疾或弱势青少年提供帮助。老年同伴计划招募55岁及以上的老年志愿者为社区中年龄较大、生活不能自理的老人提供照料和陪伴服务。退休和老年人志愿者计划主要是为了促进55岁及以上身体健康的老人可以参与各种形式的志愿服务活动，志愿者可以根据自身的情况选择时间、地点和服务对象，可以帮助社区参与巡视巡察工作、辅导小孩，帮助受自然灾害的受害者等。其他联邦机构推出的老年志愿服务计划多与就业相关，包括老年社区服务计划、老年环境就业计划等。第二，非政府组织主导的老年志愿服务项目主要是致力于促进老年志愿者就业、进行志愿服务、终身学习、宣传和公共服务等。比如，美国退休人员协会，这是美国规模最大历史最悠久的老年人服务机构，协会主要向50岁以上的公民给予他们选择生活的权利，加强社区联系，促进良好的家庭关系，增强健康保障。

103. 英国老年志愿服务情况

20 世纪 70 年代，英国开始逐渐推广非营利组织模式，政府层面鼓励国家福利责任以外的多元责任主体来提供社会服务，建立“慈善组织”或“志愿组织”。来自民间的志愿服务慈善机构“国家志愿组织联合理事会”是目前英国志愿服务中具有一定影响力的组织联盟，它与政府合作提供公共服务。政府在提供公共服务以外，还出资购买志愿机构的服务以满足多样化的社会需求。由此，英国志愿服务形成了公共服务与民间慈善机构服务相结合的模式。

英国的志愿服务中老年志愿者众多，2016 年，英国皇家志愿服务调查显示，在 55—74 岁的老年群体里，有 50% 的人参与了志愿服务活动，且每年参与志愿服务时长达 14 亿小时。老年志愿者通过充分发挥技能和经验实现自我价值，减少与社会的隔阂。英国老年志愿者的志愿服务意愿强烈，甚至超过年轻人。他们强烈希望退休后能在独立、高效、积极的环境中实现自身“高效老年化”。

在英国，典型的志愿服务模式是社区互助模式。英国鼓励发展社区互助组织，政府还推行了“好邻居计划”，把退休的老年人组织在一起进行互助，不断发展完善“时间银行”制度，为需要照护的人员提供邻里互助式服务。这让老年志愿者在充分进行社会参与的同时，也能享受到未来可以预期的养老服务。

法规政策篇

104. 中共中央 国务院关于加强新时代老龄工作的意见

有效应对我国人口老龄化，事关国家发展全局，事关亿万百姓福祉，事关社会和谐稳定，对于全面建设社会主义现代化国家具有重要意义。为实施积极应对人口老龄化国家战略，加强新时代老龄工作，提升广大老年人的获得感、幸福感、安全感，现提出如下意见。

一、总体要求

（一）指导思想。以习近平新时代中国特色社会主义思想为指导，深入贯彻党的十九大和十九届二中、三中、四中、五中、六中全会精神，加强党对老龄工作的全面领导，坚持以人民为中心，将老龄事业发展纳入统筹推进“五位一体”总体布局和协调推进“四个全面”战略布局，实施积极应对人口老龄化国家战略，把积极老龄观、健康老龄化理念融入经济社会发展全过程，加快建立健全相关政策体系和制度框架，大力弘扬中华民族孝亲敬老传统美德，促进老年人养老服务、健康服务、社会保障、社会参与、权益保障等统筹发展，推动老龄事业高质量发展，走出一条中国特色积极应对人口老龄化道路。

（二）工作原则

——坚持党委领导、各方参与。在党委领导下，充分发挥政府在推进老龄事业发展中的主导作用，社会参与，全民行动，提供基本公益性产品和服务。充分发挥市场机制作用，提供多元化产品和服务。注重发挥家庭养老、个人自我养老的作用，形成多元主体责任共担、老龄化风险梯次应对、老龄事业人人参与的新局面。

——坚持系统谋划、综合施策。坚持应对人口老龄化和促进经济社会发展相结合，坚持满足老年人需求和解决人口老龄化问题相结合，确保各项政策制度目标一致、功能协调、衔接配套，努力实现老有所养、老有所医、老有所为、老有所学、老有所乐，让老年人共享改革发展成果、安享幸福晚年。

——坚持整合资源、协调发展。构建居家社区机构相协调、医养康养相结合的养老服务体系和健康支撑体系，大力发展普惠型养老服务，促进资源均衡配置。推动老龄事业与产业、基本公共服务与多样化服务协调发展，统筹好老年人经济保障、服务保障、精神关爱、作用发挥等制度安排。

——坚持突出重点、夯实基层。聚焦解决老年人健康养老最紧迫的问题，坚持保基本、促公平、提质量，尽力而为、量力而行，确保人人享有基本养老服务和公共卫生服务。推动老龄工作重心下移、资源下沉，推进各项优质服务资源向老年人的身边、家边和周边聚集，确保老龄工作有人抓、老年人事情有人管、老年人困难有人帮。

二、健全养老服务体系

（三）创新居家社区养老服务模式。以居家养老为基础，通过新建、改造、租赁等方式，提升社区养老服务能力，着力发展街道（乡镇）、城乡社区两级养老服务网络，依托社区发展以居家为基础的多样化养老服务。地方政府负责探索并推动建立专业机构服务向社区、家庭延伸的模式。街道社区负责引进助餐、助洁等方面为老服务的专业机构，社区组织引进相关护理专业机构开展居家老年人照护工作；政府加强组织和监督工作。政府要培育为老服务的专业机构并指导其规范发展，引导其按照保本微利原则提供持续稳定的服务。充分发挥社区党组织作用，探索“社区＋物业＋养老服务”模式，增加居家社区养老服务有效供给。结合实施乡村振兴战略，加强农村养老服务机构和设施建设，鼓励以村级邻里互助点、农村幸福院为依托发展互助式养老服务。

（四）进一步规范发展机构养老。各地要通过直接建设、委托运营、购买服务、鼓励社会投资等多种方式发展机构养老。加强光荣院建设。公办养老机构优先接收经济困难的失能（含失智，下同）、孤寡、残疾、高龄老年人以及计划生育特殊家庭老年人、为社会作出重要贡献的老年人，并提供符合质量和安全标准的养老服务。建立健全养老服务标准和评价体系，加强对养老机构建设和运营的监管。研究制定养老机构预收服务费用管理政策，严防借养老机构之名圈钱、欺诈等行为。

（五）建立基本养老服务清单制度。各地要根据财政承受能力，制定基本养老服务清单，对健康、失能、经济困难等不同老年人群体，分类提供养老保障、生活照料、康复照护、社会救助等适宜服务。清单要明确服务对象、服务内容、服务标准和支出责任，并根据经济社会发展和科技进步进行动态调整。2022 年年底前，建立老年人能力综合评估制度，评估结果在全国范围内实现跨部门互认。

（六）完善多层次养老保障体系。扩大养老保险覆盖面，逐步实现基本养老保险法定人员全覆盖。尽快实现企业职工基本养老保险全国统筹。健全基本养老保险待遇调整机制，保障领取待遇人员基本生活。大力发展企业（职业）年金，促进和规范发展第三支柱养老保险。探索通过资产收益扶持制度等增加农村老年人收入。

三、完善老年人健康支撑体系

（七）提高老年人健康服务和管理水平。在城乡社区加强老年健康知识宣传和教育，提升老年人健康素养。做好国家基本公共卫生服务项目中的老年人健康管理和中医药健康管理服务。加强老年人群重点慢性病的早期筛查、干预及分类指导，开展老年口腔健康、老年营养改善、老年痴呆防治和心理关爱行动。提高失能、重病、高龄、低收入等老年人家庭医生签约服务覆盖率，提高服务质量。扩大医联体提供家庭病床、上门巡诊等居家医疗服务的范围，可按规定报销相关医疗费用，并按成本收取上门服务费。积极发挥基层医疗卫生机构为老年人提供优质中医药服务的作用。加强国家老年医学中心建设，布局若干区域老年医疗中心。加强综合性医院老年医学科建设，2025 年二级及以上综合性医院设立老年医学科的比例达到 60% 以上。通过新建改扩建、转型发展，加强老年医院、康复医院、护理院（中心、站）以及优抚医院建设，建立医疗、康复、护理双向转诊机制。加快建设老年友善医疗机构，方便老年人看病就医。

（八）加强失能老年人长期照护服务和保障。完善从专业机构到社区、家庭的长期照护服务模式。按照实施国家基本公共卫生服务项目的有关要求，开展失能老年人健康评估与健康服务。依托护理院（中心、站）、社区卫生服务中心、乡镇卫生院等医疗卫生机构以及具备服务能力的养老服务机构，为失能老年人提供长期照护服务。发展“互联网 + 照护服务”，积极发展家庭养老床位和护理型养老床位，方便失能老年人照护。稳步扩大安宁疗护试点。稳妥推进长期护理保险制度试点，指导地方重点围绕进一步明确参保和保障范围、持续健全多元筹资机制、完善科学合理的待遇政策、健全待遇支付等相关标准及管理办法、创新管理和服务机制等方面，加大探索力度，完善现有试点，积极探索建立适合我国国情的长期护理保险制度。

（九）深入推进医养结合。卫生健康部门与民政部门要建立医养结合工作沟通协调机制。鼓励医疗卫生机构与养老机构开展协议合作，进一步整合优化基层医疗卫生和养老资源，提供医疗救治、康复护理、生活照料等服务。支持医疗资源丰富地区的二级及以下医疗机构转型，开展康复、护理以及医养结合服务。鼓励基层积极探索相关机构养老床位和医疗床位按需规范转换机制。根据服务老年人的特点，合理核定养老机构举办的医疗机构医保限额。2025 年年底前，每个县（市、区、旗）有 1 所以上具有医养结合功能的县级特困人员供养服务机构。符合条件的失能老年人家庭成员参加照护知识等相关职业技能培训的，按规定给予职业培训补贴。创建一批医养结合示范项目。

四、促进老年人社会参与

（十）扩大老年教育资源供给。将老年教育纳入终身教育体系，教育部门牵头研究制定老年教育发展政策举措，采取促进有条件的学校开展老年教育、支持社会力量举办老年大学（学校）等办法，推动扩大老年教育资源供给。鼓励有条件的高校、职业院校开设老年教育相关专业和课程，加强学科专业建设与人才培养。编写老年教育相关教材。依托国家开放大学筹建国家老年大学，搭建全国老年教育资源共享和公共服务平台。创新机制，推动部门、行业企业、高校举办的老年大学面向社会开放办学。发挥社区党组织作用，引导老年人践行积极老龄观。

（十一）提升老年文化体育服务质量。各地要通过盘活空置房、公园、商场等资源，支持街道社区积极为老年人提供文化体育活动场所，组织开展文化体育活动，实现老年人娱乐、健身、文化、学习、消费、交流等方面的结合。培养服务老年人的基层文体骨干，提高老年人文体活动参与率和质量，文化和旅游、体育等部门要做好规范和管理工作。开发老年旅游产品和线路，提升老年旅游服务质量和水平。县（市、区、旗）应整合现有资源，设置适宜老年人的教育、文化、健身、交流场所。

（十二）鼓励老年人继续发挥作用。把老有所为同老有所养结合起来，完善就业、志愿服务、社区治理等政策措施，充分发挥低龄老年人作用。在学校、医院等单位和社区家政服务、公共场所服务管理等行业，探索适合老年人灵活就业的模式。鼓励各地建立老年人才信息库，为有劳动意愿的老年人提供职业介绍、职业技能培训和创新创业指导服务。深入开展“银龄行动”，引导老年人以志愿服务形式积极参与基层民主监督、移风易俗、民事调解、文教卫生等活动。发挥老年人在家庭教育、家风传承等方面的积极作用。加强离退休干部职工基层党组织建设，鼓励老党员将组织关系及时转入经常居住地，引导老党员结合自身实际发挥作用，做好老年人精神关爱和思想引导工作。全面清理阻碍老年人继续发挥作用的不合理规定。

五、着力构建老年友好型社会

（十三）加强老年人权益保障。各地在制定涉及老年人利益的具体措施时，应当征求老年人的意见。建立完善涉老婚姻家庭、侵权等矛盾纠纷的预警、排查、调解机制。加强老年人权益保障普法宣传，提高老年人运用法律手段保护权益意识，提升老年人识骗防骗能力，依法严厉打击电信网络诈骗等违法犯罪行为。完善老年人监护制度。倡导律师事务所、公证机构、基层法律服务机构为老年人减免法律服务费用，为行动不便的老年人提供上门服务。建立适老型诉讼服务机制，为老年人便利参与诉讼活动提供保障。

（十四）打造老年宜居环境。各地要落实无障碍环境建设法规、标准和规范，将无障碍环境建设和适老化改造纳入城市更新、城镇老旧小区改造、农村危房改造、农村人居环境整治提升统筹推进，让老年人参与社会活动更加安全方便。鼓励有条件的地方对经济困难的失能、残疾、高龄等老年人家庭，实施无障碍和适老化改造、配备生活辅助器具、安装紧急救援设施、开展定期探访。指导各地结合实际出台家庭适老化改造标准，鼓励更多家庭开展适老化改造。在鼓励推广新技术、新方式的同时，保留老年人熟悉的传统服务方式，加快推进老年人常用的互联网应用和移动终端、APP应用适老化改造。实施“智慧助老”行动，加强数字技能教育和培训，提升老年人数字素养。

（十五）强化社会敬老。深入开展人口老龄化国情教育。实施中华孝亲敬老文化传承和创新工程。持续推进“敬老月”系列活动和“敬老文明号”创建活动，结合时代楷模、道德模范等评选，选树表彰孝亲敬老先进典型。将为老志愿服务纳入中小学综合实践活动和高校学生实践内容。加强老年优待工作，在出行便利、公交乘车优惠、门票减免等基础上，鼓励有条件的地方进一步拓展优待项目、创新优待方式，在醒目位置设置老年人优待标识，推广老年人凭身份证等有效证件享受各项优待政策。有条件的地方要积极落实外埠老年人同等享受本地优待项目。发挥广播电视和网络视听媒体作用，加强宣传引导，营造良好敬老社会氛围。

六、积极培育银发经济

（十六）加强规划引导。编制相关专项规划，完善支持政策体系，统筹推进老龄产业发展。鼓励各地利用资源禀赋优势，发展具有比较优势的特色老龄产业。统筹利用现有资金渠道支持老龄产业发展。

（十七）发展适老产业。相关部门要制定老年用品和服务目录、质量标准，推进养老服务认证工作。各地要推动与老年人生活密切相关的食品、药品以及老年用品行业规范发展，提升传统养老产品的功能和质量，满足老年人特殊需要。企业和科研机构要加大老年产品的研发制造力度，支持老年产品关键技术成果转化、服务创新，积极开发适合老年人使用的智能化、辅助性以及康复治疗等方面的产品，满足老年人提高生活品质的需求。鼓励企业设立线上线下融合、为老年人服务的专柜和体验店，大力发展养老相关产业融合的新模式新业态。鼓励商业保险机构在风险可控和商业可持续的前提下，开发老年人健康保险产品。市场监管等部门要加强监管，严厉打击侵犯知识产权和制售假冒伪劣商品等违法行为，维护老年人消费权益，营造安全、便利、诚信的消费环境。

七、强化老龄工作保障

（十八）加强人才队伍建设。加快建设适应新时代老龄工作需要的专业技术、社会服务、经营管理、科学研究人才和志愿者队伍。用人单位要切实保障养老服务人员工资待遇，建立基于岗位价值、能力素质、业绩贡献的工资分配机制，提升养老服务岗位吸引力。大力发展相关职业教育，开展养老服务、护理人员培养培训行动。对在养老机构举办的医疗机构中工作的医务人员，可参照执行基层医务人员相关激励政策。

（十九）加强老年设施供给。各地区各有关部门要按照《国家积极应对人口老龄化中长期规划》的要求，加强老年设施建设，加快实现养老机构护理型床位、老年大学（学校）等方面目标。各地要制定出台新建城区、新建居住区、老城区和已建成居住区配套养老服务设施设置标准和实施细则，落实养老服务设施设置要求。新建城区、新建居住区按标准要求配套建设养老服务设施实现全覆盖。到 2025 年，老城区和已建成居住区结合城镇老旧小区改造、居住区建设补短板行动等补建一批养老服务设施，“一刻钟”居家养老服务圈逐步完善。依托和整合现有资源，发展街道（乡镇）区域养老服务中心或为老服务综合体，按规定统筹相关政策和资金，为老年人提供综合服务。探索老年人服务设施与儿童服务设施集中布局、共建共享。

（二十）完善相关支持政策。适应今后一段时期老龄事业发展的资金需求，完善老龄事业发展财政投入政策和多渠道筹资机制，继续加大中央预算内投资支持力度，进一步提高民政部本级和地方各级政府用于社会福利事业的彩票公益金用于养老服务的比例。各地要统筹老龄事业发展，加大财政投入力度，各相关部门要用好有关资金和资源，积极支持老龄工作。研究制定住房等支持政策，完善阶梯电价、水价、气价政策，鼓励成年子女与老年父母就近居住或共同生活，履行赡养义务、承担照料责任。对赡养负担重的零就业家庭成员，按规定优先安排公益性岗位。落实相关财税支持政策，鼓励各类公益性社会组织或慈善组织加大对老龄事业投入。开展全国示范性老年友好型社区创建活动，将老年友好型社会建设情况纳入文明城市评选的重要内容。

（二十一）强化科学研究和国际合作。加大国家科技计划（专项、基金等）、社会科学基金等对老龄领域科技创新、基础理论和政策研究的支持力度。支持研究机构和高校设立老龄问题研究智库。推进跨领域、跨部门、跨层级的涉老数据共享，健全老年人生活状况统计调查和发布制度。积极参与全球及地区老龄问题治理，推动实施积极应对人口老龄化国家战略与落实 2030 年可持续发展议程相关目标有效对接。

八、加强组织实施

（二十二）加强党对老龄工作的领导。各级党委和政府要高度重视并切实做好老龄工作，坚持党政主要负责人亲自抓、负总责，将老龄工作重点任务纳入重要议事日程，纳入经济社会发展规划，纳入民生实事项目，纳入工作督查和绩效考核范围。加大制度创新、政策供给、财政投入力度，健全老龄工作体系，强化基层力量配备。发挥城乡基层党组织和基层自治组织作用，把老龄工作组织好、落实好，做到层层有责任、事事有人抓。建设党性坚强、作风优良、能力过硬的老龄工作干部队伍。综合运用应对人口老龄化能力评价结果，做好老龄工作综合评估。

（二十三）落实工作责任。全国老龄工作委员会要强化老龄工作统筹协调职能，加强办事机构能力建设。卫生健康部门要建立完善老年健康支撑体系，组织推进医养结合，组织开展疾病防治、医疗照护、心理健康与关怀服务等老年健康工作。发展改革部门要拟订并组织实施养老服务体系规划，推进老龄事业和产业发展与国家发展规划、年度计划相衔接，推动养老服务业发展。民政部门要统筹推进、督促指导、监督管理养老服务工作，拟订养老服务体系政策、标准并组织实施，承担老年人福利和特殊困难老年人救助工作。教育、科技、工业和信息化、公安、财政、人力资源社会保障、自然资源、住房城乡建设、商务、文化和旅游、金融、税务、市场监管、体育、医疗保障等部门要根据职责分工，认真履职，主动作为，及时解决工作中遇到的问题，形成齐抓共管、整体推进的工作机制。

（二十四）广泛动员社会参与。注重发挥工会、共青团、妇联、残联等群团组织和老年人相关社会组织、机关企事业单位的作用，结合各自职能开展老龄工作，形成全社会共同参与的工作格局。发挥中国老龄协会推动老龄事业发展的作用，提升基层老年协会能力。及时总结推广老龄工作先进典型经验。

（发布时间：2021 年 11 月 18 日）

105. 中华人民共和国老年人权益保障法

（1996 年 8 月 29 日第八届全国人民代表大会常务委员会第二十一次会议通过　根据 2009 年 8 月 27 日第十一届全国人民代表大会常务委员会第十次会议《关于修改部分法律的决定》第一次修正　2012 年 12 月 28 日第十一届全国人民代表大会常务委员会第三十次会议修订　根

据2015年4月24日第十二届全国人民代表大会常务委员会第十四次会议《关于修改〈中华人民共和国电力法〉等六部法律的决定》第二次修正　根据2018年12月29日第十三届全国人民代表大会常务委员会第七次会议《关于修改〈中华人民共和国劳动法〉等七部法律的决定》第三次修正）

第一章　总则

第一条　为了保障老年人合法权益，发展老龄事业，弘扬中华民族敬老、养老、助老的美德，根据宪法，制定本法。

第二条　本法所称老年人是指六十周岁以上的公民。

第三条　国家保障老年人依法享有的权益。

老年人有从国家和社会获得物质帮助的权利，有享受社会服务和社会优待的权利，有参与社会发展和共享发展成果的权利。

禁止歧视、侮辱、虐待或者遗弃老年人。

第四条　积极应对人口老龄化是国家的一项长期战略任务。

国家和社会应当采取措施，健全保障老年人权益的各项制度，逐步改善保障老年人生活、健康、安全以及参与社会发展的条件，实现老有所养、老有所医、老有所为、老有所学、老有所乐。

第五条　国家建立多层次的社会保障体系，逐步提高对老年人的保障水平。

国家建立和完善以居家为基础、社区为依托、机构为支撑的社会养老服务体系。

倡导全社会优待老年人。

第六条　各级人民政府应当将老龄事业纳入国民经济和社会发展规划，将老龄事业经费列入财政预算，建立稳定的经费保障机制，并鼓励社会各方面投入，使老龄事业与经济、社会协调发展。

国务院制定国家老龄事业发展规划。县级以上地方人民政府根据国家老龄事业发展规划，制定本行政区域的老龄事业发展规划和年度计划。

县级以上人民政府负责老龄工作的机构，负责组织、协调、指导、督促有关部门做好老年人权益保障工作。

第七条 保障老年人合法权益是全社会的共同责任。

国家机关、社会团体、企业事业单位和其他组织应当按照各自职责，做好老年人权益保障工作。

基层群众性自治组织和依法设立的老年人组织应当反映老年人的要求，维护老年人合法权益，为老年人服务。

提倡、鼓励义务为老年人服务。

第八条 国家进行人口老龄化国情教育，增强全社会积极应对人口老龄化意识。

全社会应当广泛开展敬老、养老、助老宣传教育活动，树立尊重、关心、帮助老年人的社会风尚。

青少年组织、学校和幼儿园应当对青少年和儿童进行敬老、养老、助老的道德教育和维护老年人合法权益的法制教育。

广播、电影、电视、报刊、网络等应当反映老年人的生活，开展维护老年人合法权益的宣传，为老年人服务。

第九条 国家支持老龄科学研究，建立老年人状况统计调查和发布制度。

第十条 各级人民政府和有关部门对维护老年人合法权益和敬老、养老、助老成绩显著的组织、家庭或者个人，对参与社会发展做出突出贡献的老年人，按照国家有关规定给予表彰或者奖励。

第十一条 老年人应当遵纪守法，履行法律规定的义务。

第十二条 每年农历九月初九为老年节。

第二章 家庭赡养与扶养

第十三条 老年人养老以居家为基础，家庭成员应当尊重、关心和照料老年人。

第十四条 赡养人应当履行对老年人经济上供养、生活上照料和精神上慰藉的义务，照顾老年人的特殊需要。

赡养人是指老年人的子女以及其他依法负有赡养义务的人。

赡养人的配偶应当协助赡养人履行赡养义务。

第十五条 赡养人应当使患病的老年人及时得到治疗和护理；对经济困难的老年人，应当提供医疗费用。

对生活不能自理的老年人，赡养人应当承担照料责任；不能亲自照料的，可以按照老年人的意愿委托他人或者养老机构等照料。

第十六条 赡养人应当妥善安排老年人的住房，不得强迫老年人居住或者迁居条件低劣的房屋。

老年人自有的或者承租的住房，子女或者其他亲属不得侵占，不得擅自改变产权关系或者租赁关系。

老年人自有的住房，赡养人有维修的义务。

第十七条 赡养人有义务耕种或者委托他人耕种老年人承包的田地，照管或者委托他人照管老年人的林木和牲畜等，收益归老年人所有。

第十八条 家庭成员应当关心老年人的精神需求，不得忽视、冷落老年人。

与老年人分开居住的家庭成员，应当经常看望或者问候老年人。

用人单位应当按照国家有关规定保障赡养人探亲休假的权利。

第十九条 赡养人不得以放弃继承权或者其他理由，拒绝履行赡养义务。

赡养人不履行赡养义务，老年人有要求赡养人付给赡养费等权利。

赡养人不得要求老年人承担力不能及的劳动。

第二十条 经老年人同意，赡养人之间可以就履行赡养义务签订协议。赡养协议的内容不得违反法律的规定和老年人的意愿。

基层群众性自治组织、老年人组织或者赡养人所在单位监督协议的履行。

第二十一条 老年人的婚姻自由受法律保护。子女或者其他亲属不得干涉老年人离婚、再婚及婚后的生活。

赡养人的赡养义务不因老年人的婚姻关系变化而消除。

第二十二条 老年人对个人的财产，依法享有占有、使用、收益和处分的权利，子女或者其他亲属不得干涉，不得以窃取、骗取、强行索取等方式侵犯老年人的财产权益。

老年人有依法继承父母、配偶、子女或者其他亲属遗产的权利，有接受赠与的权利。子女或者其他亲属不得侵占、抢夺、转移、隐匿或者损毁应当由老年人继承或者接受赠与的财产。

老年人以遗嘱处分财产，应当依法为老年配偶保留必要的份额。

第二十三条 老年人与配偶有相互扶养的义务。

由兄、姐扶养的弟、妹成年后，有负担能力的，对年老无赡养人的兄、姐有扶养的义务。

第二十四条 赡养人、扶养人不履行赡养、扶养义务的，基层群众性自治组织、老年人组织或者赡养人、扶养人所在单位应当督促其履行。

第二十五条 禁止对老年人实施家庭暴力。

第二十六条 具备完全民事行为能力的老年人，可以在近亲属或者其他与自己关系密切、愿意承担监护责任的个人、组织中协商确定自己的监护人。监护人在老年人丧失或者部分丧失民事行为能力时，依法承担监护责任。

老年人未事先确定监护人的，其丧失或者部分丧失民事行为能力时，依照有关法律的规定确定监护人。

第二十七条 国家建立健全家庭养老支持政策，鼓励家庭成员与老年人共同生活或者就近居住，为老年人随配偶或者赡养人迁徙提供条件，为家庭成员照料老年人提供帮助。

第三章 社会保障

第二十八条 国家通过基本养老保险制度，保障老年人的基本生活。

第二十九条 国家通过基本医疗保险制度，保障老年人的基本医疗需要。享受最低生活保障的老年人和符合条件的低收入家庭中的老年人参加新型农村合作医疗和城镇居民基本医疗保险所需个人缴费部分，由政府给予补贴。

有关部门制定医疗保险办法，应当对老年人给予照顾。

第三十条 国家逐步开展长期护理保障工作，保障老年人的护理需求。

对生活长期不能自理、经济困难的老年人，地方各级人民政府应当根据其失能程度等情况给予护理补贴。

第三十一条 国家对经济困难的老年人给予基本生活、医疗、居住或者其他救助。

老年人无劳动能力、无生活来源、无赡养人和扶养人，或者其赡养人和扶养人确无赡养能力或者扶养能力的，由地方各级人民政府依照有关规定给予供养或者救助。

对流浪乞讨、遭受遗弃等生活无着的老年人，由地方各级人民政府依照有关规定给予救助。

第三十二条 地方各级人民政府在实施廉租住房、公共租赁住房等住房保障制度或者进行危旧房屋改造时，应当优先照顾符合条件的老年人。

第三十三条 国家建立和完善老年人福利制度，根据经济社会发展水平和老年人的实际需要，增加老年人的社会福利。

国家鼓励地方建立八十周岁以上低收入老年人高龄津贴制度。

国家建立和完善计划生育家庭老年人扶助制度。

农村可以将未承包的集体所有的部分土地、山林、水面、滩涂等作为养老基地，收益供老年人养老。

第三十四条 老年人依法享有的养老金、医疗待遇和其他待遇应当得到保障，有关机构必须按时足额支付，不得克扣、拖欠或者挪用。

国家根据经济发展以及职工平均工资增长、物价上涨等情况，适时提高养老保障水平。

第三十五条 国家鼓励慈善组织以及其他组织和个人为老年人提供物质帮助。

第三十六条 老年人可以与集体经济组织、基层群众性自治组织、养老机构等组织或者个人签订遗赠扶养协议或者其他扶助协议。

负有扶养义务的组织或者个人按照遗赠扶养协议，承担该老年人生养死葬的义务，享有受遗赠的权利。

第四章 社会服务

第三十七条 地方各级人民政府和有关部门应当采取措施，发展城乡社区养老服务，鼓励、扶持专业服务机构及其他组织和个人，为居家的老年人提供生活照料、紧急救援、医疗护理、精神慰藉、心理咨询等多种形式的服务。

对经济困难的老年人，地方各级人民政府应当逐步给予养老服务补贴。

第三十八条 地方各级人民政府和有关部门、基层群众性自治组织，应当将养老服务设施纳入城乡社区配套设施建设规划，建立适应老年人需要的生活服务、文化体育活动、日间照料、疾病护理与康复等服务设施和网点，就近为老年人提供服务。

发扬邻里互助的传统，提倡邻里间关心、帮助有困难的老年人。

鼓励慈善组织、志愿者为老年人服务。倡导老年人互助服务。

第三十九条 各级人民政府应当根据经济发展水平和老年人服务需求，逐步增加对养老服务的投入。

各级人民政府和有关部门在财政、税费、土地、融资等方面采取措施，鼓励、扶持企业事业单位、社会组织或者个人兴办、运营养老、老年人日间照料、老年文化体育活动等设施。

第四十条 地方各级人民政府和有关部门应当按照老年人口比例及分布情况，将养老服务设施建设纳入城乡规划和土地利用总体规划，统筹安排养老服务设施建设用地及所需物资。

公益性养老服务设施用地，可以依法使用国有划拨土地或者农民集体所有的土地。

养老服务设施用地，非经法定程序不得改变用途。

第四十一条 政府投资兴办的养老机构，应当优先保障经济困难的孤寡、失能、高龄等老年人的服务需求。

第四十二条 国务院有关部门制定养老服务设施建设、养老服务质量和养老服务职业等标准，建立健全养老机构分类管理和养老服务评估制度。

各级人民政府应当规范养老服务收费项目和标准，加强监督和管理。

第四十三条 设立公益性养老机构，应当依法办理相应的登记。

设立经营性养老机构，应当在市场监督管理部门办理登记。

养老机构登记后即可开展服务活动，并向县级以上人民政府民政部门备案。

第四十四条 地方各级人民政府加强对本行政区域养老机构管理工作的领导，建立养老机构综合监管制度。

县级以上人民政府民政部门负责养老机构的指导、监督和管理，其他有关部门依照职责分工对养老机构实施监督。

第四十五条 县级以上人民政府民政部门依法履行监督检查职责，可以采取以下措施：

（一）向养老机构和个人了解情况；

（二）进入涉嫌违法的养老机构进行现场检查；

（三）查阅或者复制有关合同、票据、账簿及其他有关资料；

（四）发现养老机构存在可能危及人身健康和生命财产安全风险的，责令限期改正，逾期不改正的，责令停业整顿。

县级以上人民政府民政部门调查养老机构涉嫌违法的行为，应当遵守《中华人民共和国行政强制法》和其他有关法律、行政法规的规定。

第四十六条 养老机构变更或者终止的，应当妥善安置收住的老年人，并依照规定到有关部门办理手续。有关部门应当为养老机构妥善安置老年人提供帮助。

第四十七条 国家建立健全养老服务人才培养、使用、评价和激励制度，依法规范用工，促进从业人员劳动报酬合理增长，发展专职、兼职和志愿者相结合的养老服务队伍。

国家鼓励高等学校、中等职业学校和职业培训机构设置相关专业或者培训项目，培养养老服务专业人才。

第四十八条 养老机构应当与接受服务的老年人或者其代理人签订服务协议，明确双方的权利、义务。

养老机构及其工作人员不得以任何方式侵害老年人的权益。

第四十九条 国家鼓励养老机构投保责任保险，鼓励保险公司承保责任保险。

第五十条 各级人民政府和有关部门应当将老年医疗卫生服务纳入城乡医疗卫生服务规划，将老年人健康管理和常见病预防等纳入国家基本公共卫生服务项目。鼓励为老年人提供保健、护理、临终关怀等服务。

国家鼓励医疗机构开设针对老年病的专科或者门诊。

医疗卫生机构应当开展老年人的健康服务和疾病防治工作。

第五十一条 国家采取措施，加强老年医学的研究和人才培养，提高老年病的预防、治疗、科研水平，促进老年病的早期发现、诊断和治疗。

国家和社会采取措施，开展各种形式的健康教育，普及老年保健知识，增强老年人自我保健意识。

第五十二条 国家采取措施，发展老龄产业，将老龄产业列入国家扶持行业目录。扶持和引导企业开发、生产、经营适应老年人需要的用品和提供相关的服务。

第五章 社会优待

第五十三条 县级以上人民政府及其有关部门根据经济社会发展情

况和老年人的特殊需要，制定优待老年人的办法，逐步提高优待水平。

对常住在本行政区域内的外埠老年人给予同等优待。

第五十四条 各级人民政府和有关部门应当为老年人及时、便利地领取养老金、结算医疗费和享受其他物质帮助提供条件。

第五十五条 各级人民政府和有关部门办理房屋权属关系变更、户口迁移等涉及老年人权益的重大事项时，应当就办理事项是否为老年人的真实意思表示进行询问，并依法优先办理。

第五十六条 老年人因其合法权益受侵害提起诉讼交纳诉讼费确有困难的，可以缓交、减交或者免交；需要获得律师帮助，但无力支付律师费用的，可以获得法律援助。

鼓励律师事务所、公证处、基层法律服务所和其他法律服务机构为经济困难的老年人提供免费或者优惠服务。

第五十七条 医疗机构应当为老年人就医提供方便，对老年人就医予以优先。有条件的地方，可以为老年人设立家庭病床，开展巡回医疗、护理、康复、免费体检等服务。

提倡为老年人义诊。

第五十八条 提倡与老年人日常生活密切相关的服务行业为老年人提供优先、优惠服务。

城市公共交通、公路、铁路、水路和航空客运，应当为老年人提供优待和照顾。

第五十九条 博物馆、美术馆、科技馆、纪念馆、公共图书馆、文化馆、影剧院、体育场馆、公园、旅游景点等场所，应当对老年人免费或者优惠开放。

第六十条 农村老年人不承担兴办公益事业的筹劳义务。

第六章　宜居环境

第六十一条　国家采取措施，推进宜居环境建设，为老年人提供安全、便利和舒适的环境。

第六十二条　各级人民政府在制定城乡规划时，应当根据人口老龄化发展趋势、老年人口分布和老年人的特点，统筹考虑适合老年人的公共基础设施、生活服务设施、医疗卫生设施和文化体育设施建设。

第六十三条　国家制定和完善涉及老年人的工程建设标准体系，在规划、设计、施工、监理、验收、运行、维护、管理等环节加强相关标准的实施与监督。

第六十四条　国家制定无障碍设施工程建设标准。新建、改建和扩建道路、公共交通设施、建筑物、居住区等，应当符合国家无障碍设施工程建设标准。

各级人民政府和有关部门应当按照国家无障碍设施工程建设标准，优先推进与老年人日常生活密切相关的公共服务设施的改造。

无障碍设施的所有人和管理人应当保障无障碍设施正常使用。

第六十五条　国家推动老年宜居社区建设，引导、支持老年宜居住宅的开发，推动和扶持老年人家庭无障碍设施的改造，为老年人创造无障碍居住环境。

第七章　参与社会发展

第六十六条　国家和社会应当重视、珍惜老年人的知识、技能、经验和优良品德，发挥老年人的专长和作用，保障老年人参与经济、政治、文化和社会生活。

第六十七条　老年人可以通过老年人组织，开展有益身心健康的活动。

第六十八条 制定法律、法规、规章和公共政策，涉及老年人权益重大问题的，应当听取老年人和老年人组织的意见。

老年人和老年人组织有权向国家机关提出老年人权益保障、老龄事业发展等方面的意见和建议。

第六十九条 国家为老年人参与社会发展创造条件。根据社会需要和可能，鼓励老年人在自愿和量力的情况下，从事下列活动：

（一）对青少年和儿童进行社会主义、爱国主义、集体主义和艰苦奋斗等优良传统教育；

（二）传授文化和科技知识；

（三）提供咨询服务；

（四）依法参与科技开发和应用；

（五）依法从事经营和生产活动；

（六）参加志愿服务、兴办社会公益事业；

（七）参与维护社会治安、协助调解民间纠纷；

（八）参加其他社会活动。

第七十条 老年人参加劳动的合法收入受法律保护。

任何单位和个人不得安排老年人从事危害其身心健康的劳动或者危险作业。

第七十一条 老年人有继续受教育的权利。

国家发展老年教育，把老年教育纳入终身教育体系，鼓励社会办好各类老年学校。

各级人民政府对老年教育应当加强领导，统一规划，加大投入。

第七十二条 国家和社会采取措施，开展适合老年人的群众性文化、体育、娱乐活动，丰富老年人的精神文化生活。

第八章　法律责任

第七十三条　老年人合法权益受到侵害的，被侵害人或者其代理人有权要求有关部门处理，或者依法向人民法院提起诉讼。

人民法院和有关部门，对侵犯老年人合法权益的申诉、控告和检举，应当依法及时受理，不得推诿、拖延。

第七十四条　不履行保护老年人合法权益职责的部门或者组织，其上级主管部门应当给予批评教育，责令改正。

国家工作人员违法失职，致使老年人合法权益受到损害的，由其所在单位或者上级机关责令改正，或者依法给予处分；构成犯罪的，依法追究刑事责任。

第七十五条　老年人与家庭成员因赡养、扶养或者住房、财产等发生纠纷，可以申请人民调解委员会或者其他有关组织进行调解，也可以直接向人民法院提起诉讼。

人民调解委员会或者其他有关组织调解前款纠纷时，应当通过说服、疏导等方式化解矛盾和纠纷；对有过错的家庭成员，应当给予批评教育。

人民法院对老年人追索赡养费或者扶养费的申请，可以依法裁定先予执行。

第七十六条　干涉老年人婚姻自由，对老年人负有赡养义务、扶养义务而拒绝赡养、扶养，虐待老年人或者对老年人实施家庭暴力的，由有关单位给予批评教育；构成违反治安管理行为的，依法给予治安管理处罚；构成犯罪的，依法追究刑事责任。

第七十七条　家庭成员盗窃、诈骗、抢夺、侵占、勒索、故意损毁老年人财物，构成违反治安管理行为的，依法给予治安管理处罚；构成犯罪的，依法追究刑事责任。

第七十八条 侮辱、诽谤老年人，构成违反治安管理行为的，依法给予治安管理处罚；构成犯罪的，依法追究刑事责任。

第七十九条 养老机构及其工作人员侵害老年人人身和财产权益，或者未按照约定提供服务的，依法承担民事责任；有关主管部门依法给予行政处罚；构成犯罪的，依法追究刑事责任。

第八十条 对养老机构负有管理和监督职责的部门及其工作人员滥用职权、玩忽职守、徇私舞弊的，对直接负责的主管人员和其他直接责任人员依法给予处分；构成犯罪的，依法追究刑事责任。

第八十一条 不按规定履行优待老年人义务的，由有关主管部门责令改正。

第八十二条 涉及老年人的工程不符合国家规定的标准或者无障碍设施所有人、管理人未尽到维护和管理职责的，由有关主管部门责令改正；造成损害的，依法承担民事责任；对有关单位、个人依法给予行政处罚；构成犯罪的，依法追究刑事责任。

第九章 附 则

第八十三条 民族自治地方的人民代表大会，可以根据本法的原则，结合当地民族风俗习惯的具体情况，依照法定程序制定变通的或者补充的规定。

第八十四条 本法施行前设立的养老机构不符合本法规定条件的，应当限期整改。具体办法由国务院民政部门制定。

第八十五条 本法自 2013 年 7 月 1 日起施行。

106.“十四五”国家老龄事业发展和养老服务体系规划（节选志愿服务部分）

加强居家老年人巡访关爱。建立居家养老巡访关爱服务制度，实行普遍巡访和重点巡访相结合，采取电话问候、上门探访等多种形式，运用互联网、物联网等技术手段，为老年人提供紧急救援服务。通过“社工+邻里+志愿者+医生”相结合的方式，为特殊困难老年人提供身心关爱服务。

促进老年人社会参与。在全社会倡导积极老龄观，引导老年人根据自身情况，积极参与家庭、社区和社会发展。积极开展“银龄行动”，支持老年人参与文明实践、公益慈善、志愿服务、科教文卫等事业。建设高层次老年人才智库，在调查研究、咨询建言等方面发挥作用。鼓励和引导老年人在城乡社区建立基层老年协会等基层老年社会组织，搭建自我服务、自我管理、自我教育平台。指导和促进基层老年社会组织规范化建设。

支持老年人参与体育健身。在体育公园、全民健身中心等公共体育设施布局中充分考虑老年人健身需求，加强配套运动场所和设施的规划建设。鼓励开发适合老年人的体育健身项目，搭建平台组织相关赛事和锻炼展示活动。发布老年人科学健身活动指南，根据差异化的身体素质推荐适合的运动项目和锻炼强度，推广中国传统保健体育运动。鼓励建立老年人全民健身志愿服务队伍，指导和帮助老年人科学开展各类体育健身项目。营造良性的体育健身消费环境，鼓励推出适合老年人的体育服装、锻炼器材等产品以及健身指导、竞赛参与等服务。

积极发挥多方合力。建立健全为老志愿服务项目库，鼓励机构开发志愿服务项目，支持公益慈善类社会组织参与，引导在校生志愿服务和暑期实践、相关专业学生社会实习、社会爱心人士志愿服务等与老年人生活服务、健康服务、精神慰藉、法律援助等需求有效对接。围绕关爱老年人开展慈善募捐、慈善信托等慈善活动，依法加强对慈善组织和慈善活动的扶持和监管。

完善人才激励政策。完善养老机构等级评定、质量评价等政策，鼓励聘用取得职业技能等级证书的养老护理员，推动行业专业化发展。完善养老护理员薪酬待遇和社会保险政策。建立基于岗位价值、能力素质、业绩贡献的工资分配机制，科学评价技能水平和业绩贡献，强化技能价值激励导向，促进养老护理员工资合理增长。对符合条件的养老护理员按规定给予职业技能鉴定补贴。支持城乡未继续升学初高中毕业生、农村转移就业劳动者、城镇登记失业人员等从事养老服务业，引导其取得职业技能等级证书，按规定获得补贴。建立健全从业人员和为老志愿服务激励褒扬机制。通过职业技能大赛等途径加大社会宣传，支持地方探索将行业紧缺、高技能的养老服务从业者纳入人才目录、积分落户、市民待遇等政策范围加以优待。

（发文字号：国发〔2021〕35 号 发布日期：2022 年 02 月 21 日）

107. 国务院办公厅关于推进养老服务发展的意见（节选时间银行互助养老部分）

五、促进养老服务高质量发展

推动居家、社区和机构养老融合发展。支持养老机构运营社区养老服务设施，上门为居家老年人提供服务。将失能老年人家庭成员照护培训纳入政府购买养老服务目录，组织养老机构、社会组织、社工机构、红十字会等开展养老照护、应急救护知识和技能培训。大力发展政府扶得起、村里办得起、农民用得上、服务可持续的农村幸福院等互助养老设施。探索“物业服务＋养老服务”模式，支持物业服务企业开展老年供餐、定期巡访等形式多样的养老服务。打造“三社联动”机制，以社区为平台、养老服务类社会组织为载体、社会工作者为支撑，大力支持志愿养老服务，积极探索互助养老服务。大力培养养老志愿者队伍，加快建立志愿服务记录制度，积极探索“学生社区志愿服务计学分”“时间银行”等做法，保护志愿者合法权益。（民政部、发展改革委、财政部、卫生健康委、住房城乡建设部、教育部、共青团中央、中国红十字会总会按职责分工负责）

（发文字号：国办发〔2019〕5号 发布日期：2019年04月16日）

108. 志愿服务条例

（2017年6月7日国务院第175次常务会议通过 2017年8月22日中华人民共和国国务院令第685号公布 自2017年12月1日起施行）

第一章 总则

第一条 为了保障志愿者、志愿服务组织、志愿服务对象的合法权益，鼓励和规范志愿服务，发展志愿服务事业，培育和践行社会主义核心价值观，促进社会文明进步，制定本条例。

第二条 本条例适用于在中华人民共和国境内开展的志愿服务以及与志愿服务有关的活动。

本条例所称志愿服务，是指志愿者、志愿服务组织和其他组织自愿、无偿向社会或者他人提供的公益服务。

第三条 开展志愿服务，应当遵循自愿、无偿、平等、诚信、合法的原则，不得违背社会公德、损害社会公共利益和他人合法权益，不得危害国家安全。

第四条 县级以上人民政府应当将志愿服务事业纳入国民经济和社会发展规划，合理安排志愿服务所需资金，促进广覆盖、多层次、宽领域开展志愿服务。

第五条 国家和地方精神文明建设指导机构建立志愿服务工作协调机制，加强对志愿服务工作的统筹规划、协调指导、督促检查和经验推广。

国务院民政部门负责全国志愿服务行政管理工作；县级以上地方人民政府民政部门负责本行政区域内志愿服务行政管理工作。

县级以上人民政府有关部门按照各自职责，负责与志愿服务有关的工作。

工会、共产主义青年团、妇女联合会等有关人民团体和群众团体应当在各自的工作范围内做好相应的志愿服务工作。

第二章 志愿者和志愿服务组织

第六条 本条例所称志愿者，是指以自己的时间、知识、技能、体力等从事志愿服务的自然人。

本条例所称志愿服务组织，是指依法成立，以开展志愿服务为宗旨的非营利性组织。

第七条 志愿者可以将其身份信息、服务技能、服务时间、联系方式等个人基本信息，通过国务院民政部门指定的志愿服务信息系统自行注册，也可以通过志愿服务组织进行注册。

志愿者提供的个人基本信息应当真实、准确、完整。

第八条 志愿服务组织可以采取社会团体、社会服务机构、基金会等组织形式。志愿服务组织的登记管理按照有关法律、行政法规的规定执行。

第九条 志愿服务组织可以依法成立行业组织，反映行业诉求，推动行业交流，促进志愿服务事业发展。

第十条 在志愿服务组织中，根据中国共产党章程的规定，设立中国共产党的组织，开展党的活动。志愿服务组织应当为党组织的活动提供必要条件。

第三章 志愿服务活动

第十一条 志愿者可以参与志愿服务组织开展的志愿服务活动，也可以自行依法开展志愿服务活动。

第十二条 志愿服务组织可以招募志愿者开展志愿服务活动；招募时，应当说明与志愿服务有关的真实、准确、完整的信息以及在志愿服务过程中可能发生的风险。

第十三条 需要志愿服务的组织或者个人可以向志愿服务组织提出申请，并提供与志愿服务有关的真实、准确、完整的信息，说明在志愿服务过程中可能发生的风险。志愿服务组织应当对有关信息进行核实，并及时予以答复。

第十四条 志愿者、志愿服务组织、志愿服务对象可以根据需要签订协议，明确当事人的权利和义务，约定志愿服务的内容、方式、时间、地点、工作条件和安全保障措施等。

第十五条 志愿服务组织安排志愿者参与志愿服务活动，应当与志愿者的年龄、知识、技能和身体状况相适应，不得要求志愿者提供超出其能力的志愿服务。

第十六条 志愿服务组织安排志愿者参与的志愿服务活动需要专门知识、技能的，应当对志愿者开展相关培训。

开展专业志愿服务活动，应当执行国家或者行业组织制定的标准和规程。法律、行政法规对开展志愿服务活动有职业资格要求的，志愿者应当依法取得相应的资格。

第十七条 志愿服务组织应当为志愿者参与志愿服务活动提供必要条件，解决志愿者在志愿服务过程中遇到的困难，维护志愿者的合法权益。

志愿服务组织安排志愿者参与可能发生人身危险的志愿服务活动前，应当为志愿者购买相应的人身意外伤害保险。

第十八条 志愿服务组织开展志愿服务活动，可以使用志愿服务标志。

第十九条 志愿服务组织安排志愿者参与志愿服务活动，应当如实记录志愿者个人基本信息、志愿服务情况、培训情况、表彰奖励情况、评价情况等信息，按照统一的信息数据标准录入国务院民政部门指定的志愿服务信息系统，实现数据互联互通。

志愿者需要志愿服务记录证明的，志愿服务组织应当依据志愿服务记录无偿、如实出具。

记录志愿服务信息和出具志愿服务记录证明的办法，由国务院民政部门会同有关单位制定。

第二十条 志愿服务组织、志愿服务对象应当尊重志愿者的人格尊严；未经志愿者本人同意，不得公开或者泄露其有关信息。

第二十一条 志愿服务组织、志愿者应当尊重志愿服务对象人格尊严，不得侵害志愿服务对象个人隐私，不得向志愿服务对象收取或者变相收取报酬。

第二十二条 志愿者接受志愿服务组织安排参与志愿服务活动的，应当服从管理，接受必要的培训。

志愿者应当按照约定提供志愿服务。志愿者因故不能按照约定提供志愿服务的，应当及时告知志愿服务组织或者志愿服务对象。

第二十三条　国家鼓励和支持国家机关、企业事业单位、人民团体、社会组织等成立志愿服务队伍开展专业志愿服务活动，鼓励和支持具备专业知识、技能的志愿者提供专业志愿服务。

国家鼓励和支持公共服务机构招募志愿者提供志愿服务。

第二十四条　发生重大自然灾害、事故灾难和公共卫生事件等突发事件，需要迅速开展救助的，有关人民政府应当建立协调机制，提供需求信息，引导志愿服务组织和志愿者及时有序开展志愿服务活动。

志愿服务组织、志愿者开展应对突发事件的志愿服务活动，应当接受有关人民政府设立的应急指挥机构的统一指挥、协调。

第二十五条　任何组织和个人不得强行指派志愿者、志愿服务组织提供服务，不得以志愿服务名义进行营利性活动。

第二十六条　任何组织和个人发现志愿服务组织有违法行为，可以向民政部门、其他有关部门或者志愿服务行业组织投诉、举报。民政部门、其他有关部门或者志愿服务行业组织接到投诉、举报，应当及时调查处理；对无权处理的，应当告知投诉人、举报人向有权处理的部门或者行业组织投诉、举报。

第四章　促进措施

第二十七条　县级以上人民政府应当根据经济社会发展情况，制定促进志愿服务事业发展的政策和措施。

县级以上人民政府及其有关部门应当在各自职责范围内，为志愿服务提供指导和帮助。

第二十八条　国家鼓励企业事业单位、基层群众性自治组织和其他组织为开展志愿服务提供场所和其他便利条件。

第二十九条 学校、家庭和社会应当培养青少年的志愿服务意识和能力。

高等学校、中等职业学校可以将学生参与志愿服务活动纳入实践学分管理。

第三十条 各级人民政府及其有关部门可以依法通过购买服务等方式，支持志愿服务运营管理，并依照国家有关规定向社会公开购买服务的项目目录、服务标准、资金预算等相关情况。

第三十一条 自然人、法人和其他组织捐赠财产用于志愿服务的，依法享受税收优惠。

第三十二条 对在志愿服务事业发展中做出突出贡献的志愿者、志愿服务组织，由县级以上人民政府或者有关部门按照法律、法规和国家有关规定予以表彰、奖励。

国家鼓励企业和其他组织在同等条件下优先招用有良好志愿服务记录的志愿者。公务员考录、事业单位招聘可以将志愿服务情况纳入考察内容。

第三十三条 县级以上地方人民政府可以根据实际情况采取措施，鼓励公共服务机构等对有良好志愿服务记录的志愿者给予优待。

第三十四条 县级以上人民政府应当建立健全志愿服务统计和发布制度。

第三十五条 广播、电视、报刊、网络等媒体应当积极开展志愿服务宣传活动，传播志愿服务文化，弘扬志愿服务精神。

第五章 法律责任

第三十六条 志愿服务组织泄露志愿者有关信息、侵害志愿服务对象个人隐私的，由民政部门予以警告，责令限期改正；逾期不改正的，责令限期停止活动并进行整改；情节严重的，吊销登记证书并予以公告。

第三十七条 志愿服务组织、志愿者向志愿服务对象收取或者变相收取报酬的，由民政部门予以警告，责令退还收取的报酬；情节严重的，对有关组织或者个人并处所收取报酬一倍以上五倍以下的罚款。

第三十八条 志愿服务组织不依法记录志愿服务信息或者出具志愿服务记录证明的，由民政部门予以警告，责令限期改正；逾期不改正的，责令限期停止活动，并可以向社会和有关单位通报。

第三十九条 对以志愿服务名义进行营利性活动的组织和个人，由民政、工商等部门依法查处。

第四十条 县级以上人民政府民政部门和其他有关部门及其工作人员有下列情形之一的，由上级机关或者监察机关责令改正；依法应当给予处分的，由任免机关或者监察机关对直接负责的主管人员和其他直接责任人员给予处分：

（一）强行指派志愿者、志愿服务组织提供服务；

（二）未依法履行监督管理职责；

（三）其他滥用职权、玩忽职守、徇私舞弊的行为。

第六章 附则

第四十一条 基层群众性自治组织、公益活动举办单位和公共服务机构开展公益活动，需要志愿者提供志愿服务的，可以与志愿服务组织合作，由志愿服务组织招募志愿者，也可以自行招募志愿者。自行招募志愿者提供志愿服务的，参照本条例关于志愿服务组织开展志愿服务活动的规定执行。

第四十二条 志愿服务组织以外的其他组织可以开展力所能及的志愿服务活动。

城乡社区、单位内部经基层群众性自治组织或者本单位同意成立的团体，可以在本社区、本单位内部开展志愿服务活动。

第四十三条 境外志愿服务组织和志愿者在境内开展志愿服务，应当遵守本条例和中华人民共和国有关法律、行政法规以及国家有关规定。

组织境内志愿者到境外开展志愿服务，在境内的有关事宜，适用本条例和中华人民共和国有关法律、行政法规以及国家有关规定；在境外开展志愿服务，应当遵守所在国家或者地区的法律。

第四十四条 本条例自 2017 年 12 月 1 日起施行。

109. 中国注册志愿者管理办法

（2013 年 11 月共青团中央修订 2013 年 12 月 9 日共青团中央发布）

第一章 总则

第一条 为规范志愿者注册工作，加强注册志愿者管理，特制定本办法。

第二条 志愿者（英文名称为 Volunteer）是指不以物质报酬为目的，利用自己的时间、技能等资源，自愿为国家、社会和他人提供服务的人。

第三条 注册志愿者（China Registered Volunteer）是指按照本办法规定的程序，在共青团组织及其授权的志愿者组织注册登记、参加服务活动的志愿者。

第四条 志愿精神：奉献、友爱、互助、进步。

第五条 志愿者标识

注册志愿者标识（通称“心手标”）的整体构图为心的造型，又是英文“Volunteer”的第一个字母“V”，红色，图案中央是手的造型，也是鸽子的造型，白色。标志寓意为中国志愿者向社会上所有需要帮助的人们奉献一片爱心，伸出友爱之手，表达“爱心献社会，真情暖人心”和“团结互助、共创和谐”的主题（图案见附件 1）。

第六条 每年 3 月 5 日是中国青年志愿服务日，12 月 5 日是国际志愿者日。

第二章 注册

第七条 基本条件

（一）年满十八周岁或十六至十八周岁以自己劳动收入为主要生活来源者；十四至十八周岁者，须经其法定代理人同意；未满十八周岁的在校学生申请注册的，按所在学校有关规定办理。

（二）具备参加志愿服务相应的基本能力和身体素质。

（三）遵守国家法律法规和注册机构的相关规定。

第八条 注册机构

市（地、州、盟）、县（市、区、旗）、乡（镇、街道）以及大中专院校团组织及其授权的志愿者组织为志愿者注册机构。

第九条 注册程序

（一）申请人直接到开展志愿者注册工作的团组织、志愿者组织提出申请或通过网络、通讯等方式提出申请，填写《志愿者注册登记表》（参考式样见附件 2）。

（二）注册机构对申请人进行审核。

（三）审核合格，注册机构向申请人颁发注册志愿者证章。注册机构可根据实际需要，为注册志愿者编制本地管理服务号码。

第三章 权利和义务

第十条 权利

（一）参加志愿服务活动。

（二）接受相关的志愿服务培训，获得志愿服务活动真实、必要的信息。

（三）获得从事志愿服务的必需条件和必要保障。

（四）优先获得志愿者组织和其他志愿者提供的服务。

（五）对志愿服务工作提出意见和建议。

（六）相关法律、法规、政策所赋予的权利。

（七）可申请取消注册志愿者身份。

第十一条　义务

（一）遵守国家法律法规及团组织、志愿者组织的相关规定。

（二）每名注册志愿者根据个人意愿至少选择参加一个志愿服务项目或活动，每年参加志愿服务时间累计不少于 20 小时。

（三）履行志愿服务承诺，完成志愿服务任务，传播志愿服务理念。

（四）自觉维护团组织、志愿者组织和志愿者的形象。

（五）在志愿者职责范围内，自觉维护服务对象的合法权益。

（六）自觉抵制任何以志愿者身份从事的赢利活动或其他违背社会公德的活动（行为）。

（七）依法应当承担的其他义务。

第四章　志愿服务

第十二条　志愿服务

（一）志愿服务是指志愿者不以物质报酬为目的，利用自己的时间、技能等资源，自愿为国家、社会和他人提供服务的行为。

（二）志愿服务主要领域包括：扶贫济困、助老助残、社区服务、生态建设、大型活动、抢险救灾、社会管理、文化建设、西部开发、海外服务等。

（三）团组织、志愿者组织根据服务对象的需求，向注册志愿者发布服务信息、提供服务岗位，志愿者按照相关要求开展志愿服务。注册志愿者也可按照相关规定自行开展志愿服务。提倡具有相同服务意向和志趣爱好的注册志愿者在团组织、志愿者组织指导下结成志愿服务团队开展服务。

（四）注册志愿者参加志愿服务，应通过与志愿者组织或服务对象签定服务协议书等形式，明确服务内容、时间和有关的权利、义务。未满十八周岁的注册志愿者可参加与其年龄、智力相适应的志愿服务；未满十八周岁的在校学生注册后，按所在学校有关规定参与相关志愿服务。

（五）各级团组织、志愿者组织可依托服务需求相对集中的社会公益机构，通过签定协议、命名挂牌等形式创建志愿服务基地，探索建立志愿者经常性、就近就便开展志愿服务的有效机制。

（六）各级团组织、志愿者组织要推进志愿服务平台建设，形成实体型、网络型、复合型平台。鼓励依托网络新媒体组织开展志愿服务活动，同时应面向社会公开相关信息，遵守有关法律规定。

第五章　组织与管理

第十三条　组织机构

（一）共青团中央、中国青年志愿者协会负责全国注册志愿者工作的规划、协调和指导。

（二）省级团委、志愿者协会根据本地区、本系统的实际，制定相应的实施细则，广泛推行志愿者注册制度。根据实际需要，也可直接开展志愿者注册工作。

（三）市、县两级团委应普遍建立志愿者专门工作机构和志愿者协会，安排专人负责志愿者注册和管理工作。

（四）县级以下基层团组织应通过建立志愿者协会、创建志愿服务站、培育志愿服务伙伴、发展志愿服务队和服务团队等形式，广泛开展志愿者注册工作，实现志愿者注册和服务的便利化。

（五）社区和机关团体、企事业单位、中学的团组织、志愿者组织（含志愿服务站、服务队、服务团队等），经所在地注册机构同意可以开展志愿者注册工作。

（六）注册机构及其下属的团组织、志愿者组织负责志愿者的管理服务，建立健全宣传动员、注册登记、管理培训、考核评价、激励表彰、个人信息保密等制度。

第十四条　日常管理

（一）注册志愿者参加志愿服务后，由服务对象或组织者提供志愿者的服务时间、服务内容等证明，注册机构及其下属团组织、志愿者组织予以认定。服务时间为实际服务时间（不含往返时间），以小时为单位计量。

（二）注册机构应建立健全注册志愿者档案和信息管理系统，逐步实现网上注册和管理，促进管理工作的科学化、制度化、规范化。

（三）注册志愿者使用全国统一的标识。开展志愿服务活动时，注册志愿者应佩带以全国统一标识为主体图案的标志。志愿者旗帜和服装以红、蓝、白为基本色调。

（四）注册机构可在重大活动时或定期组织志愿者进行宣誓。志愿者誓词："我愿意成为一名光荣的志愿者。我承诺：尽己所能，不计报酬，帮助他人，服务社会，践行志愿精神，传播先进文化，为社会进步贡献力量！"

（五）注册志愿者培训工作主要由注册机构及其下属的团组织、志愿者组织负责，对注册志愿者申请人进行志愿服务基本理念培训，定期向注册志愿者提供志愿服务相关技能等方面的培训，向志愿者骨干提供专门的培训，提高志愿者的服务能力和综合素质。

（六）团组织、志愿者组织应探索和完善注册志愿服务时间储蓄制度，使注册志愿者在本人需要帮助时，优先得到志愿者组织和其他志愿者的服务。

（七）对拒不履行义务的，注册机构可取消其注册志愿者身份。

（八）注册志愿者在志愿者组织安排的志愿服务过程中对服务对象造成损害的，由志愿者组织承担责任；志愿者组织承担责任后，有权向有故意或者重大过失的注册志愿者追偿。

（九）各级团组织、志愿者组织应逐步建立志愿者权益保障机制。依据有关法律法规、政策规定维护志愿者正当权益，推动建立志愿者保险和应急基金，做好相关救助和慰问工作。如服务对象在接受服务过程中对注册志愿者造成损害，志愿者组织应当支持受损害的注册志愿者向有关服务对象追偿损失，并提供必要的帮助。

第六章　激励和表彰

第十五条　团组织、志愿者组织应完善志愿者评价机制，组织实施星级认证制度，评选表彰和奖章授予制度等。

第十六条　星级认证制度

星级认证制度由省级团委、志愿者协会组织实施。注册机构负责具体认证工作，根据志愿者注册后参加志愿服务的时间累计，认定其为一至五星志愿者。星级志愿者认定后，可由相关注册机构在其注册证上进行标注，并佩戴相应标志。

（一）志愿者注册后，参加志愿服务时间累计达到 100 小时的，认定为“一星志愿者”；

（二）志愿者注册后，参加志愿服务时间累计达到 300 小时的，认定为“二星志愿者”；

（三）志愿者注册后，参加志愿服务时间累计达到 600 小时的，认定为“三星志愿者”；

（四）志愿者注册后，参加志愿服务时间累计达到 1000 小时的，认定为“四星志愿者”；

（五）志愿者注册后，参加志愿服务时间累计达到 1500 小时的，认定为“五星志愿者”。

第十七条 评选表彰和奖章授予制度

各级团组织、志愿者组织主要依据注册志愿者的服务时间、服务业绩，根据有关规定，定期组织开展评选表彰活动，授予志愿者荣誉称号和相应服务奖章。共青团中央、中国青年志愿者协会定期组织开展中国青年志愿者优秀个人奖、组织奖、项目奖评选表彰活动。

第七章 附则

第十八条 长期在中国内地工作、学习、生活的港澳同胞、台湾同胞和海外华人华侨及外国人申请注册的，由注册机构会同有关部门按相关规定办理。

第十九条 本办法的修改、变更、解释权属于共青团中央青年志愿者工作部、中国青年志愿者协会秘书处。

第二十条 本办法自公布之日起施行。2006 年颁布的《中国注册志愿者管理办法》同时废止。

附件（略）

110. 志愿服务记录与证明出具办法（试行）

第一条 为了规范志愿服务记录和志愿服务记录证明出具工作，保障志愿者和志愿服务组织等志愿服务活动参与者的合法权益，促进志愿服务事业发展，根据《中华人民共和国慈善法》和《志愿服务条例》等法律法规，制定本办法。

第二条 本办法所称志愿服务记录，是指志愿服务组织和依法开展志愿服务活动的其他组织通过志愿服务信息系统或者纸质载体等形式，记录志愿者参与志愿服务活动的有关信息。

本办法所称志愿服务记录证明，是指志愿服务组织和依法开展志愿服务活动的其他组织依据志愿服务记录信息形成的、能够证明志愿者参加志愿服务有关情况的材料。

第三条 记录志愿服务信息、出具志愿服务记录证明，应当遵循真实、准确、完整、无偿、及时的原则。

第四条 志愿服务组织记录的志愿服务信息，包括志愿者的个人基本信息、志愿服务情况、培训情况、表彰奖励情况和评价情况。

根据工作需要，志愿服务组织还可以记录与志愿服务有关的其他信息。

志愿服务组织可以通过国务院民政部门指定的志愿服务信息系统记录志愿服务信息，也可以通过其他志愿服务信息系统或者纸质载体等形式记录。其他志愿服务信息系统或者纸质载体等形式记录的志愿者个人基本信息、志愿服务情况等信息，志愿服务组织应当按照统一的信息数据标准录入国务院民政部门指定的志愿服务信息系统，实现数据互联互通。

第五条 志愿者的个人基本信息，包括姓名、性别、出生日期、身份证件号码、居住区域、联系方式、专业技能和服务类别等。

第六条 志愿者的个人基本信息，可以由志愿者本人在志愿服务信息系统录入；经志愿者同意后，也可以由志愿服务组织录入。

志愿者提供的个人基本信息应当真实、准确、完整。

志愿服务组织发现志愿者的个人基本信息有明显错误、缺漏，或者与实际情况不一致的，应当要求志愿者修改、补充。

第七条 志愿者的志愿服务情况，包括志愿者参加志愿服务活动的名称、日期、地点、服务内容、服务时间、活动组织单位和活动负责人。

前款的服务时间是指志愿者参与志愿服务实际付出的时间，以小时为计量单位。志愿服务组织应当根据志愿服务活动的实际情况，科学合理确定服务时间。

第八条 志愿者的培训情况，包括志愿者参加志愿服务有关培训的名称、主要内容、学习时长、培训举办单位和日期等信息。

志愿服务组织应当及时、如实记录志愿者的培训情况。

第九条 志愿者的表彰奖励情况，包括志愿者获得志愿服务表彰奖励的名称、日期和授予单位。

志愿服务组织应当及时记录志愿者在本组织获得表彰奖励的情况。志愿者获得县级以上人民政府或者有关部门给予志愿服务表彰奖励的，志愿服务组织应当在志愿者提供相关材料后及时、如实记录。

志愿者获得其他组织给予志愿服务表彰奖励的，可以凭相关材料申请志愿服务组织协助记录。志愿服务组织核实无误后应当协助记录。

第十条 志愿者的评价情况，包括对志愿者的服务质量评价以及评价日期。

志愿服务组织可以根据志愿服务完成情况、志愿服务对象反馈情况，对志愿者的服务质量进行评价。

志愿服务组织可以基于服务时间和服务质量等，对志愿者进行星级评价。

第十一条 志愿服务组织应当及时记录志愿服务信息。其中志愿服务情况和评价情况，应当在志愿服务活动结束后10个工作日内完成记录。

第十二条 志愿者可以在志愿服务信息系统中查询本人的志愿服务记录信息。

志愿者需要志愿服务组织协助查询的，志愿服务组织应当给予帮助。

第十三条 志愿者发现本人的志愿服务信息记录有错误、缺漏的，可以向相关志愿服务组织提出。志愿服务组织应当及时核实，确有错误、缺漏的，予以修改、补充。

第十四条 志愿服务组织应当根据志愿者的需要，以志愿服务记录信息为依据，为志愿者无偿、如实出具志愿服务记录证明。

志愿者可以在志愿服务信息系统中打印本人的志愿服务记录证明。

第十五条 志愿服务记录证明应当载明志愿者的志愿服务时间、服务内容和记录单位，也可以包含记录的其他信息。志愿服务记录证明的格式，可以参照国务院民政部门提供的规范样式。

根据志愿者的需要，志愿服务组织可以在志愿服务记录证明上加盖印章。

第十六条 志愿服务组织应当妥善管理志愿服务记录信息，不得将志愿服务记录信息用于商业目的。

未经志愿者本人同意，不得公开或者泄露其有关信息。

第十七条 志愿服务记录证明可以通过志愿服务信息系统查验。

任何单位和个人不得伪造、变造或者使用虚假志愿服务记录证明。

第十八条 志愿服务组织应当在年度工作报告中如实反映开展志愿服务记录和证明出具工作情况，并依法向社会公开。

第十九条 不属于志愿服务的活动，不得进行志愿服务信息记录、出具志愿服务记录证明。

第二十条 任何单位和个人发现志愿服务组织不依法记录志愿服务信息、出具志愿服务记录证明，或者发现单位和个人伪造、变造、使用虚假志愿服务记录证明的，可以向民政部门投诉、举报。

第二十一条 民政部门建立志愿服务信息记录和志愿服务记录证明抽查制度，重点检查志愿服务记录与证明的真实性、合法性，抽查结果向社会公开。

第二十二条 民政部门进行监督检查时，可以向志愿服务有关各方了解核实情况，有权要求志愿服务组织提供相关资料，志愿服务组织不得隐瞒、阻碍或者拒绝。

第二十三条 志愿服务组织泄露志愿者有关记录信息、侵害志愿服务对象个人隐私的，由民政部门依据《志愿服务条例》第三十六条的规定予以警告，责令限期改正；逾期不改正的，责令限期停止活动并进行整改；情节严重的，吊销登记证书并予以公告。

第二十四条 志愿服务组织不依法记录志愿服务信息或者出具志愿服务记录证明的，由民政部门依据《志愿服务条例》第三十八条的规定予以警告，责令限期改正；逾期不改正的，责令限期停止活动，并可以向社会和有关单位通报。

第二十五条 利用志愿服务记录或者志愿服务记录证明出具进行营利性活动的，民政部门可以给予警告。

第二十六条 慈善组织、基层群众性自治组织、公益活动举办单位、公共服务机构开展公益活动，依法与志愿服务组织合作，由志愿服务组织招募志愿者的，应当由志愿服务组织做好志愿服务记录与证明出具工作；依法自行招募志愿者的，参照本办法关于志愿服务组织的规定做好志愿服务记录与证明出具工作。

在城乡社区、单位内部成立的开展志愿服务活动的团体，应当在对其实施管理的基层群众性自治组织或者单位指导下，记录志愿者的志愿服务信息。

第二十七条 本办法自 2021 年 2 月 1 日起施行。

111. 志愿服务组织基本规范（GB/T 401 43–2021）

前言

本标准按照 GB/ T1・1–2009 给出的规则起草。

本标准由中华人民共和国民政部提出。

本标准由全国社会工作标准化技术委员会 (SAC/TC 534) 归口。

本标准起草单位：湖北省标准化与质量研究院、中国标准化研究院、湖北省民政厅、北京志愿服务发展研究会。

本标准主要起草人：邓希妍、张蕊、王志民、丁凡、孙广芝、吴斌、隋媛、熊唯、戚菲、刘玉玲、李倩、刘星恒、何苗苗、姚韦伟、王卫民、张璐颖、刘莲莲、王亚东、刘昊宇、胡昊天、杨倩文、朱昊煜、胡敏仪、陈思、曹仕涛。

志愿服务组织基本规范

1 范围

本标准规定了志愿服务组织的基本要求、组织管理、志愿者管理、服务管理、评估与改进。本标准适用于志愿服务组织的运行和管理，开展志愿服务的其他组织可参照使用。

2 规范性引用文件

下列文件对于本文件的应用是必不可少的。凡是注日期的引用文件，仅注日期的版本适用于本文件。凡是不注日期的引用文件，其最新版本（包括所有的修改单）适用于本文件。

GB32100 统一社会信用代码

MZ/T 148-2020 志愿服务基本术语

3 术语和定义

MZ/T 148-2020 界定的术语和定义适用于本文件。为了便于使用，以下重复列出了 MZ/T 148-2020 中的某些术语和定义。

3.1 志愿服务 volunteer service

志愿者、志愿服务组织和其他组织自愿、无偿向社会或者他人提供的公益服务。

[MZ/T 148-2020，定义 2.1]

3.2 志愿者 volunteer

以自己的时间、知识、技能、体力等从事志愿服务的自然人。

[MZ/T 148-2020，定义 3.1]

3.3 志愿服务组织 volunteer organization

依法成立，以开展志愿服务为宗旨的非营利性组织。

注：志愿服务组织可以采取社会团体、社会服务机构、基金会等组织形式。

[MZ/T 148-2020，定义 4.1]

3.4 志愿服务项目 volunteer project

在一定的周期内，面向特定服务对象或领域开展的，具有明确的服务目标、服务时间、服务内容和服务保障的志愿服务活动。

[MZ/T 148-2020，定义 2.6]

4 基本要求

4.1 组织成立

组织成立应满足下列要求：

a) 依照法律法规及有关行政主管部门规定设立；

b) 有明确的业务或工作范围；

c) 具有与其业务或工作范围相适应的管理人员和志愿者；

d) 具有与其业务或工作范围相适应的办公条件。

4.2 管理人员

管理人员应满足下列要求：

a) 热心社会公益事业，具有志愿服务精神；

b) 熟悉有关志愿服务的法律、法规和政策；

c) 具备良好的组织、沟通、协调能力，掌握有关专业知识及技能；

d) 尊重服务对象和志愿者。

4.3 志愿者

志愿者应满足下列要求：

a) 热心社会公益事业，具有志愿服务精神；

b) 具备参加志愿服务所需要的能力和素质。

5 组织管理

5.1 组织建设

5.1.1 设立组织内部的行政及志愿服务业务等岗位，明确各岗位的职责与权限。

5.1.2 建立组织内部议事决策、日常管理、人事管理、财务管理、志愿者和志愿服务项目管理等制度。

5.1.3 建立良好的沟通渠道，明确沟通的方式和时机。建立志愿者权益保护和反馈机制。

5.1.4 在开展志愿服务活动时，志愿服务组织和志愿者宜规范使用志愿服务标志。

5.1.5 遵守国家有关消防安全管理规定，建立并执行安全管理制度，有应对自然灾害、消防及其他突发安全事件的应急预案。

5.2 信息管理

5.2.1 文件管理

建立文件管理制度，文件分类清晰，宜采用信息化手段进行管理。

5.2.2 志愿服务记录管理

建立志愿服务记录信息管理制度，并安排专人管理信息记录。记录信息应至少保存 10 年，并做好记录信息的保密工作。

5.2.3 志愿服务档案管理

宜建立档案管理制度，档案应长期、完整保存，并做好档案的保密工作。

6 志愿者管理

6.1 招募

根据志愿服务需求和志愿服务岗位设置情况组织开展志愿者招募。通过现场、网络等方式，及时公布志愿服务时间、地点、内容、志愿者的条件和数量、报名方式、服务过程中可能发生的风险及可提供的保障等信息，根据报名情况确定招募的志愿者。

6.2 注册

6.2.1 志愿服务组织宜引导志愿者在有关行政主管部门指定的志愿服务信息系统进行注册。

6.2.2 志愿服务组织在开展志愿服务活动前应确认志愿者已注册。

6.3 培训

根据志愿服务项目要求，及时对志愿者进行志愿者通用培训、专业培训和岗位培训。

6.4 保障

6.4.1 志愿服务组织安排志愿者参与志愿服务活动，应与志愿者的年龄、知识、技能和身体状况相适应。

6.4.2 志愿服务组织应根据服务需要提供必要条件，解决志愿者在志愿服务过程中遇到的困难，维护志愿者的合法权益。

6.4.3 志愿服务组织安排志愿者参与可能发生人身危险的志愿服务活动前，应就志愿服务的主要内容协商一致并为志愿者购买相应的人身意外伤害保险。有下列情形之一的，应签订志愿服务书面协议：

a) 对志愿者人身安全、身心健康等有较高风险的；

b) 志愿者连续提供一个月以上专职服务的；

c) 为大型社会活动提供志愿服务的；

d) 组织志愿者赴外地开展志愿服务活动的；

e) 志愿服务活动涉及境外人员的；

f) 志愿者、志愿服务组织和志愿服务对象任何一方要求签订书面协议的。

6.4.4 志愿服务组织应在志愿者提供服务过程中给予指导、协调、监督。

6.5 服务记录

6.5.1 志愿服务组织应如实注册志愿者个人基本信息、志愿服务情况、培训情况、表彰奖励情况、评价情况等信息，并按照统一的信息数据标准录入有关行政主管部门指定的志愿服务信息系统。

6.5.2 志愿服务组织应依据志愿服务记录向有需要的志愿者无偿、如实出具志愿服务记录证明。

注：志愿服务组织可引导志愿者在有关行政主管部门指定的志愿服务信息系统打印志愿服务记录证明。

6.6 表彰激励

6.6.1 建立志愿服务时间累计和绩效评价制度，对长期开展志愿服务且服务效果较好的志愿者，给予相关荣誉表彰和激励回馈，鼓励推行志愿者信用评价体系。

6.6.2 可根据志愿服务时间、服务绩效等对志愿者进行星级评定，其中一星级、二星级、三星级、四星级、五星级志愿者的累计志愿服务时间分别不少于100h、300h、600h、1000h和1500h。

7 服务管理

7.1 服务类别

志愿服务组织可提供包括但不限于公共服务、生活帮扶、支教助学、卫生保健、法律服务、环境保护、 科技推广、治安防控、文明引导、群众文化、大型活动、应急救援等方面的志愿服务。

7.2 活动管理

7.2.1 了解需求

7.2.1.1 调查了解社会需要的志愿服务内容。

7.2.1.2 分析社会需求，结合本组织实际并综合分析所能链接社会资源等，确定志愿服务活动。

7.2.2 制定计划

制定志愿服务活动方案或计划时宜明确各阶段活动目标、内容、时间、地点、人数、经费使用等事宜，可考虑与其他基层群众性自治组织、公益活动举办单位和公共服务机构合作。

7.2.3 开展服务

根据活动计划和服务对象需求，组织志愿者安全、有序地开展服务。

7.2.4 活动总结

7.2.4.1 志愿服务结束后，宜收集志愿者和服务对象反馈意见，并对提供的服务进行总结，及时整理归档活动材料。

7.2.4.2 应定期将志愿服务情况、项目总结和财务信息等反馈给资助方或进行公示。

7.2.4.3 活动结束后宜组织志愿者交流分享体会，总结经验，宣传典型个案及星级志愿者事例。

7.3 项目管理

7.3.1 概述

志愿服务组织应重点从项目组织、资源筹集、风险与质量控制、项目评估等环节对项目进行管理。

7.3.2 资源筹集

志愿服务资金和物品等资源的筹集、管理和使用应向社会公开，并依法接受有关部门、志愿者、捐赠者、资助者和社会的监督。

7.3.3 项目组织

志愿服务组织应根据项目计划组织志愿者实施志愿服务项目。可与志愿者签订协议，明确服务的内容、时间，约定双方的权利和义务。

7.3.4 风险与质量控制

7.3.4.1 在项目实施前或实施过程中，宜对可能出现的危险和(或)损失、存在的弱点、造成的影响等进行识别、分析和评价。开展重大活动时，应按照法律法规规定向主管部门备案。

7.3.4.2 宜建立志愿服务项目质量控制体系，包括质量计划、质量控制、质量保证和质量改进等。

7.3.5 项目评估

志愿服务组织宜根据志愿服务时间和质量，对项目达成的绩效进行评估确认。

8 评估与改进

8.1 组织评估

8.1.1 应建立全面有效的评估管理机制。

8.1.2 实行组织内部日常监管和行业自律，接受行政监管和社会监督。

8.1.3 可采用自评或第三方评价的方式定期对志愿服务组织的基础条件、服务资源、服务能力、服务机制、服务效果、信用与荣誉等进行评估，具体评价方法见附录 A，具体评价示例参见附录 B。

8.1.4 应建立志愿服务投诉平台，畅通投诉渠道。

8.2 持续改进

8.2.1 可通过对投诉意见、评估结果等相关信息的收集和分析，采取必要的纠正措施和预防措施。

8.2.2 应对所采取措施的有效性进行跟踪评价，持续改进服务质量。

8.2.3 应建立持续改进机制，推进志愿服务组织诚信体系建设。

附录（略）

参考文献（略）

112. 志愿服务基本术语（MZ/T 148-2020）

目次（略）

前 言

本标准按照 GB/T 1.1-2009 给出的规则起草。

本标准由民政部慈善事业促进和社会工作司提出。

本标准由全国社会工作标准化技术委员会 (SAC/TC 534) 归口并解释。

本标准起草单位：北京志愿服务发展研究会、北京市志愿服务指导中心、中国青年政治学院社会工作学院、湖北省标准化与质量研究院。

本标准主要起草人：陆士桢、郭新保、李磊、翟雁、宋志强、许莲丽、刘宇飞、孙浩然、李金锁、孙璐、邓希妍、曹仕涛、马彬。

志愿服务基本术语

1 范围

本标准界定了志愿服务、志愿者、志愿服务组织的基本术语及定义。

本标准适用于在中华人民共和国境内开展的志愿服务。

2 志愿服务

2.1 志愿服务 volunteer service

志愿者、志愿服务组织和其他组织自愿、无偿向社会或者他人提供的公益服务。

2.2 志愿服务精神 spirit of volunteerism

奉献、友爱、互助、进步。

2.3 志愿服务文化 culture of volunteerism

志愿者、志愿服务组织和社会所认同的志愿服务使命、愿景、宗旨、理念、价值观等精神要素，以及体现这些精神要素的物化载体和制度设计。

2.4 志愿服务制度 institution of volunteer service

为促进志愿服务发展所制定的要求志愿者、志愿服务组织和志愿服务工作者遵守的法律、法规、规章、政策以及准则。

2.5 志愿服务活动 volunteer activity

志愿者、志愿服务组织和其他组织开展或参与的志愿服务行为。

2.6 志愿服务项目 volunteer project

在一定的周期内，面向特定服务对象或领域开展的，具有明确的服务目标、服务时间、服务内容和服务保障的志愿服务活动。

2.7 志愿服务品牌 volunteer service brand

服务成效显著，具有广泛社会影响力、公信力和美誉度的志愿服务。

2.8 志愿服务需求 need for volunteer service

个人、群体、组织、社会希望通过志愿服务予以解决的事项。

2.9 志愿服务管理 volunteer service management

对志愿服务进行组织、协调、指导、规范、监督的过程。

2.10 志愿服务运营管理 volunteer service operation and management

对志愿服务组织及其开展的志愿服务活动进行计划、实施、监控和持续改进的过程。

2.11 志愿服务对象 volunteer service recipient

获得志愿服务的人、组织、事物以及环境。

2.12 志愿服务岗位 volunteer assignment

为满足志愿服务需求设立，由志愿者承担的具有相应职责、要求和规范的工作任务。

2.13 志愿服务时间 volunteer hours

志愿者实际提供的以小时为计量单位的服务时长。

2.14 志愿服务记录 volunteer service records

志愿服务组织和其他依法开展志愿服务活动的组织记录志愿者参加

志愿服务的信息。

注：记录信息一般包括志愿者的身份信息、服务技能、服务时间、联系方式以及志愿服务情况、培训情况、表彰奖励情况、评价情况等。

2.15 志愿服务记录证明 volunteer certificate

依据志愿服务记录信息，无偿、如实出具的证明志愿者参加志愿服务有关情况的制式材料。

2.16 志愿服务协议 volunteer service agreement

志愿者、志愿服务组织、志愿服务对象以及其他相关方之间达成的，明确各方在志愿服务中的权利义务关系、服务事项等内容的共同约定。

2.17 志愿服务风险 risk in volunteer service

在志愿服务中，志愿者、志愿服务组织、志愿服务对象或其他相关方发生危险、伤害、损失的不确定性。

2.18 志愿服务保障 volunteer service assurance

为确保志愿服务正常开展和利益相关方权益而采取的制度设计和具体举措。

注：具体形式有志愿服务政策法规及志愿者补贴、志愿者保险、志愿服务场地、志愿服务培训等。

2.19 志愿服务评估 volunteer service evaluation

用科学和系统的方法对志愿服务管理、活动、项目以及服务成效进行动态监测与静态总结考评。

2.20 志愿服务“时间银行” volunteer service “time bank”

为促进志愿服务可持续发展，建立的志愿服务时间存取机制。

2.21 志愿服务供需对接 matching supply and demand for volunteer service

将志愿服务资源与志愿服务需求进行有效匹配的过程。

2.22 专业志愿服务 professional volunteer service

运用专业技能提供的符合职业或行业标准和规程的志愿服务。

3 志愿者

3.1 志愿者 volunteer

以自己的时间、知识、技能、体力等从事志愿服务的自然人。

3.2 志愿者管理 volunteer management

通过计划、组织、指挥、协调等手段，开展志愿者招募、培训、使用、评价、激励等工作，以期达到既定目标的过程。

3.3 志愿者招募 volunteer recruitment

为征召具备相应条件的志愿者而开展的动员、遴选等活动。

3.4 志愿者注册 volunteer registration

志愿者将个人真实、准确、完整的基本信息，通过国务院民政部门指定的志愿服务信息系统或志愿服务组织进行注册登记的过程。

3.5 志愿者培训 volunteer training

以提高志愿服务水平为目的，向志愿者传授参与志愿服务所需理念、知识和技能等的活动。

注：志愿者培训一般分为志愿者通用培训、专业培训、岗位培训。

3.6 志愿者通用培训 general volunteer training

针对志愿者开展的志愿服务理念、权利与义务等基础知识培训。

3.7 志愿者专业培训 professional volunteer training

针对志愿者开展的职业技能、技术规范等专业知识和技能培训。

3.8 志愿者岗位培训 volunteer assignment training

针对志愿者开展的工作任务、业务流程、服务规范等岗位职责培训。

3.9 志愿者激励 volunteer incentives

激发和鼓励志愿者参与志愿服务的措施。

3.10 志愿者保险 volunteer insurance

为应对志愿服务风险，志愿者在参加志愿服务期间获得的保险。

3.11 志愿者补贴 volunteer allowance

志愿服务组织或其他组织、单位对志愿者在志愿服务中支出的交通、通讯、食宿等费用给予的补助。

3.12 志愿者证 volunteer card

证明持有者具有志愿者身份的证件。

3.13 星级志愿者 star volunteer

根据志愿服务时间、服务质量等考核标准，获得星级认定的志愿者。

3.14 志愿者权益保护 volunteer rights and interests protection

为确保志愿者参与权、知情权以及人格尊严、人身安全、个人隐私等方面的合法权益，所提供的保护举措。

3.15 志愿者伦理守则 volunteer code of ethics

志愿者在参与志愿服务时应遵守的道德规范和行为准则。

4 志愿服务组织

4.1 志愿服务组织 volunteer organization

依法成立，以开展志愿服务为宗旨的非营利性组织。

注：志愿服务组织可以采取社会团体、社会服务机构、基金会等组织形式。

4.2 志愿服务团体 volunteer group

经社区或单位同意成立的，以开展志愿服务为宗旨，尚未依法登记的团体，大多采取志愿服务队等形式组建，一般也称为志愿服务团队。

4.3 志愿服务站 volunteer service station

国家机关、企事业单位、人民团体、基层群众自治性组织及其他组织设立的用于开展志愿服务的相对固定场所。

参考文献（略）

索引（略）

113. 中共中央宣传部、中央文明办、民政部、教育部、财政部、全国总工会、共青团中央、全国妇联关于支持和发展志愿服务组织的意见

志愿服务是现代社会文明进步的重要标志，是加强精神文明建设、培育和践行社会主义核心价值观的重要内容。志愿服务组织是以开展志愿服务为宗旨的非营利性社会组织，是汇聚社会资源、传递社会关爱、弘扬社会正气的重要载体，是形成向上向善、诚信互助社会风尚的重要力量。伴随着中国特色社会主义历史进程，我国志愿服务事业快速发展，志愿服务组织不断涌现，对促进志愿服务活动广泛开展，推进精神文明建设、推动社会治理创新、维护社会和谐稳定发挥了重要作用。同时，我国志愿服务组织在总体上还存在着数量不足、能力不强、发展环境有待优化等问题。现就支持和发展志愿服务组织，提出以下意见：

一、总体要求

（一）指导思想。全面贯彻落实党的十八大和十八届三中、四中、五中全会精神，以邓小平理论、“三个代表”重要思想、科学发展观为指导，深入贯彻习近平总书记系列重要讲话精神，紧紧围绕“五位一体”总体布局和“四个全面”战略布局，围绕树立和落实创新、协调、绿色、开放、共享的新发展理念，坚持以党的建设为正确引领，坚持以培育和践行社会主义核心价值观、满足人民群众日益增长的社会服务需求为出发点，以能力建设为基础，以建立健全政策制度、完善体制机制、增强

法律保障为重点，积极扶持发展志愿服务组织，为加强和创新社会治理，为实现“两个一百年”奋斗目标、实现中华民族伟大复兴的中国梦凝聚力量。

（二）基本原则。坚持服务大局、统筹发展。把支持和发展志愿服务组织纳入全面建成小康社会、全面深化改革、全面推进依法治国、全面从严治党大局，正确处理志愿服务组织与其他社会服务提供主体之间的关系，统筹不同区域、不同领域、不同类型的志愿服务组织发展。

坚持分类指导、突出特色。注重服务与管理并举，畅通联系渠道，有效发挥志愿服务组织作用。遵循志愿服务组织发展规律，根据志愿服务组织类别和规模，指导各类志愿服务组织明确定位、强化管理，提升能力、突出特色，创新方式、拓展领域，有效释放创造力和生产力，不断提高志愿服务专业化科学化水平。

坚持正确引导、依法自治。坚持党委领导、政府监管，充分发挥基层党组织的战斗堡垒作用，发挥共产党员先锋模范作用和骨干作用，确保志愿服务组织发展的正确方向。充分尊重志愿服务组织的社会性、志愿性、公益性、非营利性特点，引导志愿服务组织按照法律法规和章程开展活动，依法自治。

坚持创新发展、多方参与。着力推进志愿服务组织、志愿者与志愿服务活动共同发展，筑牢志愿服务组织基础。鼓励国家机关、群团组织、企事业单位、其他社会组织和基层群众性自治组织建立志愿服务队伍，引导民生和公共服务机构开门接纳志愿者，形成志愿服务工作合力，扩大志愿服务社会覆盖。

（三）主要目标。到2020年，基本建成与经济社会发展相适应，布局合理、管理规范、服务完善、充满活力的志愿服务组织体系。志愿

续表

服务组织发展环境得到优化，初步形成登记管理、资金支持、人才培育等配套政策。志愿服务组织服务范围不断扩大，基本覆盖社会治理各领域、群众生活各方面，涌现一批公信度高、带动力强的志愿服务组织。志愿服务组织功能有效发挥，成为推进人们相互关爱、传递文明的重要渠道，成为提升社会服务水平、改善民生福祉的有力助手，成为增进社会信任、维护社会稳定、促进社会和谐的有生力量。

二、加强志愿服务组织培育

（四）推进志愿服务组织依法登记。坚持积极引导发展、严格依法管理的原则，提供便捷高效的服务，引导符合登记条件的志愿服务组织依法登记。针对目前大部分志愿服务组织规模小、注册资金不足、缺乏相应专职人员和固定场所的实际，在不违背社会组织管理法律法规基本精神基础上，可以按照活动地域适当放宽成立志愿服务组织所需条件。各有关部门要在活动场地、活动资金、人才培养等方面提供优先支持，激发志愿服务组织依法登记的积极性与主动性。经单位领导机构或基层群众性自治组织同意成立的志愿服务组织，可以在本单位、本社区内部开展志愿服务活动。鼓励已经登记的志愿服务组织为其提供规范指导和工作支持。

（五）健全志愿服务组织孵化机制。社会组织孵化基地要吸纳志愿服务组织进驻，在项目开发、能力培养、合作交流、业务支持等方面提供有针对性的扶持。鼓励有条件的地区建立专门的志愿服务组织孵化基地，支持志愿服务组织的启动成立和初期运作，帮助提升服务能力。积极建立志愿服务组织与国家机关、群团组织、企事业单位、其他社会组织和基层群众性自治组织的沟通交流平台，鼓励银行、会计师事务所、律师事务所等专业机构为志愿服务组织提供免费的资金证明、审计、法律咨询等服务。

（六）积极推进志愿服务组织承接公共服务项目。各地各有关部门和符合条件的事业单位、群团组织要贯彻落实《国务院办公厅关于政府向社会力量购买服务的指导意见》（国办发〔2013〕96 号）和《政府购买服务管理办法（暂行）》（财综〔2014〕96 号）有关要求，充分发挥志愿服务成本低、效率高，志愿服务组织灵活度高、创新性强的特点，积极支持志愿服务组织承接扶贫、济困、扶老、救孤、恤病、助残、救灾、助医、助学等领域的志愿服务，加大财政资金对志愿服务运营管理的支持力度。充分利用志愿服务信息平台等载体，及时发布政府安排由社会力量承担的服务项目，为志愿服务组织获取相关信息提供便利。

（七）完善志愿服务组织监督管理。加强志愿服务组织日常监管，建立登记管理机关、业务主管单位、行业管理部门、行业组织和社会公众等多元主体参与，行政监管、行业自律和社会监督有机结合的监督管理机制。探索建立登记管理机关评估、资助方评估、服务对象评估和自评有机结合的志愿服务组织综合评价体系，逐步引入第三方评估机制，定期对志愿服务组织的基础条件、内部治理、工作绩效和社会评价等进行跟踪评估，将评估情况作为政府购买社会服务、社会各界资助以及落实相关优惠政策的重要依据。推进志愿服务组织诚信建设，将志愿服务组织守信情况纳入社会组织诚信指标体系。对业务活动与志愿服务宗旨、性质严重不符的志愿服务组织建立退出机制；志愿服务组织行为违反法律法规规定的，依法追究相关法律责任。

（八）强化志愿服务组织示范引领。通过政策引导、重点培育、项目资助等方式，建设一批活动规范有序、作用发挥明显、社会影响力强的示范性志愿服务组织。按照有关规定对作出突出贡献的志愿服务组织进行表彰奖励。通过推广志愿服务组织培育和管理经验、建设优秀志愿服务组织库和优秀志愿服务项目库等方式，引领带动其他志愿服务组织科学化规范化发展。

三、提升志愿服务组织能力

（九）完善组织内部治理。登记管理机关、业务主管单位和行业管理部门要指导已登记的志愿服务组织依据章程建立健全独立自主、权责明确、运转协调、制衡有效的内部治理结构。具备条件的志愿服务组织应设立党的组织，充分发挥党组织的政治核心作用，围绕党章赋予基层党组织的基本任务开展工作，团结凝聚志愿者，保证志愿服务组织的政治方向；暂不具备条件的，要明确责任单位指导志愿服务组织开展党建工作，条件成熟时及时建立党的组织。坚持党建带群建，充分发挥群团组织的积极作用。志愿服务组织应当为自身党群组织开展活动、发挥作用提供必要支持。重点完善组织决策、执行、监督制度和内部议事规则，建立健全人、财、物管理制度和内部信息披露制度，准确、完整、及时地向社会公开组织的名称、住所、负责人、机构设置等基本情况，公开年报公告、财务收支、捐资使用、服务内容、奖惩情况等重要信息，主动接受登记管理机关的监督管理和社会监督，努力提升志愿服务组织的社会公信力。有会员单位或分支机构的，应指导其加强内部管理。

（十）创新人才培养机制。国家层面建立志愿服务组织人才示范培训机制，有条件的地区可依托高等院校、党校、团校等教育培训机构建立志愿者培训基地，加快培养一批长期参与志愿服务、熟练掌握服务知识和岗位技能的志愿者骨干，着力培养一批富于社会责任感、熟悉现代管理知识、拥有丰富管理经验的志愿服务组织管理人才。国家机关、群团组织、企事业单位、其他社会组织和基层群众性自治组织要积极支持本单位、本社区的专业人才加入志愿服务组织，开展志愿服务活动，不断优化志愿者队伍结构。志愿服务组织要注重招募、使用专业志愿者，建立健全志愿者日常管理培训制度，对于专业性要求高的志愿服务项目，要强化专业知识和技能培训，不断提高志愿者能力素质。引导志愿服务组织通过规范招募、科学管理、创新服务，培养、吸引和留住优秀志愿者。

（十一）增强组织造血功能。积极探索通过志愿服务交流会、志愿服务项目大赛等有效举措，指导志愿服务组织牢固树立项目意识、品牌意识，不断提升战略谋划、项目运作和宣传推广能力，通过优秀的服务项目和服务品牌争取各方资源，吸引资助者。支持志愿服务组织通过承接公共服务项目、积极参加公益创业和公益创投、争取政府补贴与社会捐赠等多种途径，妥善解决志愿服务运营成本问题，为组织持续发展提供动力。

（十二）加强志愿服务行业自律。加大对志愿服务领域行业组织的扶持发展力度，充分发挥其在志愿服务组织管理中的先行规范和自我约束作用，引导行风建设，加强行业监督，为志愿服务组织监管提供有力辅助；充分发挥行业组织在志愿服务组织服务中的牵头和协调作用，促进行业沟通，反映行业诉求，推动行业创新，为志愿服务组织发展争取有力支持。各地要为志愿服务行业组织发挥行业监督约束作用、加强道德建设创造良好环境，逐步建立健全与行业发展相适应、覆盖全面、运行有效、作用明显的行业自律体系。

四、深化志愿服务组织服务

（十三）强化志愿服务供需对接。立足需求，着眼民生，有关单位和社区要积极向志愿服务组织开放更多公共资源，鼓励街道（乡镇）、城乡社区为志愿服务组织提供服务场所。充分运用社区综合服务设施，搭建社区志愿服务平台。支持和鼓励社会志愿服务组织走进社区，了解和征集群众需求，结合自身能力特点，有针对性地做好志愿服务规划，设计服务项目，开展服务活动，切实使服务对象受益。充分利用信息技术手段，及时有效匹配志愿服务供给与需求。推广"菜单式"志愿服务经验，鼓励引导志愿服务组织公开本组织志愿者技能、特长和提供服务时间等信息，与群众需求有机结合，逐步建立志愿服务供需有效对接机制和服务长效机制，全面提高志愿服务水平。

（十四）推广"社会工作者＋志愿者"协作机制。鼓励志愿服务组织招募使用社会工作者，鼓励社会工作服务机构等社会组织在开展公益活动时招募志愿者。建立志愿服务组织与社会工作服务机构等社会组织常态化合作机制，充分发挥社会工作者在组织策划、项目运作、资源链接等方面的专业优势，发挥志愿者热情高、来源广、肯奉献的人力资源优势，形成社会工作者和志愿者协调配合、共同开展服务的格局，促进志愿服务专业化规范化。

（十五）全面推行志愿服务记录制度。依托和完善全国志愿服务信息系统，实施应用《志愿服务信息系统基本规范》（MZ/T061–2015），实现志愿服务信息的互联互通和数据的有效汇集，为志愿服务组织管理志愿者、开展志愿服务记录工作提供技术支撑。各地各有关部门要根据《志愿服务记录办法》（民函〔2012〕340号）和《关于规范志愿服务记录证明工作的指导意见》（民发〔2015〕149号）要求，指导志愿服务组织及时、完整、准确记录志愿者参加志愿服务的信息，保护志愿者个人隐私，规范开具志愿服务记录证明，科学开展志愿者星级认定，建立健全志愿服务时间储蓄制度，不断提高志愿服务组织的服务效能和管理水平。

（十六）创新志愿服务方式方法。指导志愿服务组织明确服务方向，紧紧围绕党和政府中心工作和群众所需所盼，持续推进扶贫、济困、扶老、救孤、恤病、助残、救灾、助医、助学和大型社会活动等重点领域的志愿服务。支持志愿服务组织发挥优势、各展所长，积极推进党员志愿服务、青年志愿服务、老年志愿服务、学生志愿服务、巾帼志愿服务等有序开展，打造项目精品，形成品牌效应。鼓励博物馆、图书馆、纪念馆、文化馆、文物保护单位等设立志愿服务站点，招募使用志愿者。积极探索“互联网＋志愿服务”，支持志愿服务组织安全合规利用互联网优化服务，创新服务方式，提高服务效能，加强对网络社团等新型组织的志愿服务规范管理。严格规范志愿服务组织涉外合作，确保遵守国家有关法律法规和政策。

五、加强对志愿服务组织发展的组织领导

（十七）健全工作机制。坚持党委政府领导，落实中央文明委工作部署，文明办要发挥好牵头作用，民政部门要切实履行行政管理工作职责，与相关部门、人民团体和群众团体共同推进志愿服务组织发展。各地各有关部门要注重研究、规划和推动志愿服务事业，细化政策措施，加大激励保障力度，建立健全支持和发展志愿服务组织的长效机制，推动形成志愿服务工作经常化制度化。各级党政领导干部要充分发挥示范带头作用，利用工作之余参与志愿服务活动。倡导鼓励广大公务员、专业技术人员、企事业单位干部职工、公众人物等积极加入志愿服务组织，参加志愿服务活动，共产党员、共青团员要作出表率。

（十八）加大经费支持和保险保障。各地要逐步扩大财政资金对志愿服务组织发展的支持规模和范围，加强对志愿服务组织的财税政策支持，落实各项财税优惠政策。积极推进政府购买服务，支持志愿服务组织立足自身优势，承接相关服务项目。单位领导机构和基层群众性自治组织对单位、社区内部志愿服务组织开展志愿服务活动，要给予经费支持。依法大力发展志愿服务基金，切实加强管理，积极搭建爱心企业、爱心人士与志愿服务组织之间的桥梁，引导社会资金参与支持志愿服务组织发展。鼓励多渠道筹资为志愿者购买保险，鼓励保险公司与志愿服务组织合作，设计开发符合志愿服务特点、适应志愿服务发展需要的险种，为志愿服务活动承保，为志愿服务组织健康持续发展提供有力保障。

（十九）营造良好环境。要在全社会大力弘扬雷锋精神，弘扬奉献、友爱、互助、进步的志愿精神，培育学雷锋志愿服务文化。坚持立足中国国情，体现中国特色，讲好中国故事，积极支持有利于志愿服务发展的研究、交流与合作。加强志愿服务经验总结和推广交流，广泛宣传志愿服务组织在提高国民素质和社会文明程度、加强社会治理创新、保障改善民生中的重要作用，为志愿服务组织发展营造良好氛围。

（发布日期：2016 年 5 月 20 日）

114. 中央精神文明建设指导委员会关于深入开展志愿服务活动的意见

各省、自治区、直辖市和新疆生产建设兵团精神文明建设委员会，中央精神文明建设指导委员会各成员单位：

我国的志愿服务作为伴随改革开放出现的新生事物，是长期开展的学雷锋活动的发展和延续，有着广泛群众基础和独特优势。近年来各种形式的志愿服务活动发展很快，党员志愿者、社区志愿者、职工志愿者、青年志愿者、大学生志愿者、巾帼志愿者、家庭志愿者、老年志愿者、扶残助残志愿者、红十字志愿者、治安志愿者、科普志愿者等各类志愿服务队伍比较活跃，成为社会主义精神文明建设的重要力量。在迎接和举办北京奥运会残奥会、四川汶川抗震救灾等重大活动和重大事件中，志愿服务都发挥了突出作用。为深入贯彻落实党的十七大精神，进一步完善社会志愿服务体系，积极培育文明风尚，不断提高公民文明素质、社会文明程度和群众生活质量，现就在全社会深入开展志愿服务活动提出如下意见。

一、充分认识深入开展志愿服务活动的重要意义，明确指导思想和基本原则

1. 深入开展志愿服务活动具有重要意义。志愿服务体现着公民的社会责任意识，是人们自觉为他人和社会服务、共同建设美好生活的生动实践，是现代社会文明程度的重要标志，是新形势下推进精神文明建设的有效途径。志愿服务领域宽、渠道广，能够广泛动员社会资源，有效弥补政府服务和市场服务的不足，为政府分忧、为百姓解难，有利于在全社会形成团结互助、平等友爱、共同进步的社会氛围和人际关系，增加和谐因素、促进公平正义、维护社会稳定。志愿服务以自愿、无偿为前提，以弘扬志愿精神为核心，能够把服务他人、服务社会与实现个人价值有机结合起来，引导人们在做好事、献爱心的过程中陶冶情操、提升境界，有利于倡导爱国、敬业、诚信、友善等基本道德规范，提高公民思想道德素质，把建设社会主义核心价值体系的任务落到实处。志愿服务形式多种多样、方式灵活便捷，适应了社会结构、社会组织形式、社会利益格局发生深刻变化的新特点，能够满足不同层次人们关爱他人、服务社会、展示特长的愿望，有利于充分发挥群众的主体作用，激发群众的参与热情，为精神文明创建活动注入新的生机与活力。要把组织开展志愿服务活动作为提高公民文明素质和社会文明程度的一项战略任务，深入持久地开展下去。

2. 深入开展志愿服务活动的指导思想是：坚持以邓小平理论和“三个代表”重要思想为指导，深入贯彻落实科学发展观，紧紧抓住社会主义核心价值体系建设这个根本，贴近实际、贴近生活、贴近群众，广泛普及志愿理念，大力弘扬志愿精神，着力壮大志愿者队伍，着力完善志愿服务体系，着力建立志愿服务社会化运行模式，推动志愿服务有一个新的更大发展，使更多的人成为志愿者，使更多的志愿者成为良好社会风尚的倡导者，成为社会主义精神文明的传播者、实践者。

3. 深入开展志愿服务活动的基本原则是：坚持以相互关爱、服务社会为主题，始终把公益性放在首位，充分体现无偿、利他的基本要求；坚持志愿服务与政府服务、市场服务相衔接，有针对性地设计项目、开展活动，做到量力而行、务求实效；坚持志愿服务与实现个人发展相统一，让人们在为他人送温暖、为社会做贡献的过程中经受锻炼、增长才干；坚持自愿参与和社会倡导相结合，既尊重人们的服务意愿，鼓励人们自主参与，又强调公民的社会责任，努力扩大志愿服务活动的覆盖面，增强志愿服务活动的影响力；坚持社会化运行模式，把党政各部门、社会各方面组织动员起来，形成强大工作合力。

二、普及志愿理念、弘扬志愿精神，努力营造关心、支持和参与志愿服务的浓厚社会氛围

4. 创造有利于志愿服务的舆论文化环境。以奉献、友爱、互助、进步为主要内容的志愿精神，体现了中华民族传统美德，反映了社会发展进步的时代要求，是志愿服务活动的核心，也是推动志愿服务活动长期深入开展的内在动力和有力支撑。必须广泛普及志愿理念，大力弘扬志

愿精神，推动形成关心、支持和参与志愿服务的良好氛围。新闻媒体是思想文化传播的重要载体，是传播志愿理念、弘扬志愿精神的主渠道。要切实加大志愿服务的宣传力度，充分发挥报刊、广播、电视、互联网、手机短信等大众传媒的作用，运用新闻报道、言论评论、公益广告等形式，普及志愿服务知识，宣传志愿服务活动的经验和志愿者的感人事迹，引导人们尊重志愿者和志愿者的劳动，营造有利于志愿服务的浓厚舆论氛围。精神文化产品潜移默化地影响着人们的思想观念和价值判断，在弘扬志愿精神方面有着不可替代的独特作用。要通过生动感人的文艺作品和丰富多彩的文化活动，展现志愿者的良好风貌和高尚情操，寓教于乐、寓教于文，形成有利于志愿服务的良好文化环境。

5. 加大学校教育和社会教育的力度。青年是志愿服务的生力军，学校是开展志愿服务教育的主阵地。要把志愿精神作为未成年人思想道德建设和大学生思想政治教育的重要内容，纳入学校的教育教学，体现到课堂教学、课外活动和社会实践中，不断增强广大青少年的志愿服务意识。社区是群众生活的基本单元，是经常性志愿服务的主要场所。要充分利用社区服务中心、宣传文化站等多种途径，加大志愿服务宣传教育力度，使之家喻户晓、深入人心。要动员广大党员干部、共青团员和社会知名人士带头参加志愿服务活动，为全社会作出示范。

6. 注重在实践中培养志愿服务意识。各种形式的志愿服务活动，是弘扬和践行志愿精神的有效载体。要从经济社会发展需要和人民群众愿望出发精心设计志愿服务项目，把志愿精神融入活动的全过程，使人们在参与志愿服务的过程中享受心灵的快乐、加深对志愿精神的理解。要继续发现和培养社会各界参与志愿服务活动的先进典型，组织志愿者积极撰写心得体会，把志愿精神的种子播撒到人们心中，使志愿服务理念得到越来越多人的接受和认同，吸引和感召更多的人加入到志愿服务的行列。

三、深入开展多种形式的志愿服务活动，为人们关爱他人、奉献社会搭建平台

7. 着眼于讲文明树新风开展志愿服务活动。讲文明树新风涵盖了精神文明建设的主要内容，要紧紧围绕讲文明树新风组织志愿服务活动，不断拓展志愿服务的领域，丰富志愿服务的内涵。组织开展普及文明风尚志愿服务，更好地传播文明理念，倡导团结互助精神，引导人们知礼仪、重礼节、讲道德。组织开展科技、文体、法律、卫生志愿服务，普及科学知识、传播先进文化、开展法律援助、提供医疗卫生服务，不断丰富广大群众重点是农村、偏远地区和进城务工人员的精神文化生活。组织开展社会治安志愿服务，普及法律知识，加强治安防范，完善群防群治网络。组织开展窗口行业志愿服务，动员公共服务行业和涉外窗口行业的干部职工以志愿服务的形式，为人们提供各种延伸服务和便民服务。组织开展保护生态环境志愿服务，宣传生态文明观念和环境保护知识，大力推动义务植树、绿化美化、清理脏乱、整治污染等行动，使天更蓝、水更清、地更绿，逐步形成良好的人居环境和生态环境。

8. 着眼于扶危济困开展志愿服务活动。大力弘扬我国扶危济困、助人为乐的传统美德，坚持从办得到、群众又迫切需要的事情做起，把生活困难群众和老年人、残疾人作为重点对象，积极开展送温暖、献爱心志愿服务活动，努力为困难群众排忧解难。广泛开展居家养老、扶残助残志愿服务活动，组织志愿者为孤寡老人、空巢老人、残疾人提供生活救助和照料服务，弘扬人道主义精神。以关爱帮困、便民利民为重点，大力开展社区志愿服务活动，让居民在参与中感受友谊和谐，看到社会美好，享受幸福生活。

9. 着眼于大型社会活动顺利进行开展志愿服务。要认真总结大型社会活动志愿服务的成功经验，切实组织好举办重大活动、重要会议和大型文体赛事的志愿服务，着力改进服务方式、提高服务水平，营造良好人文环境。组织开展公共秩序志愿服务活动，动员志愿者到公共场所、道路交通和赛会场馆等重点部位，宣传文明行为规范，劝导不文明言行，努力创造规范有序的社会公共秩序。组织开展赛会志愿服务活动，动员志愿者参加接待、咨询、联络、秩序维护等方面的工作，为大型社会活动的顺利进行提供有力保障。

10. 着眼于应急救援开展志愿服务活动。应急救援志愿服务是专业救援的重要辅助力量，是国家应急救援体系的重要组成部分。要组织开展应急救援志愿服务活动，动员志愿者广泛普及防灾避险、疏散安置、急救技能等应急处置知识，参与重大自然灾害和突发事件的抢险救援、卫生防疫、群众安置、设施抢修和心理安抚等工作，提高社会和公民的应急处置能力。要把应急救援志愿服务纳入政府应急反应体系，依托有关职能部门、行业协会和专门学会，组织有相关知识、经验和资质的志愿者成立专业救援服务队，提高应急救援的专业化水平，保证志愿者关键时刻能服务、会服务。

四、进一步建立健全志愿服务活动的运行机制，不断提高志愿服务的科学化、规范化、专业化和社会化水平

11. 规范招募和注册。志愿者的招募和注册，是把人们切实组织动员起来，完成所确定的志愿服务任务的重要环节。依法登记或备案的志愿者组织，要根据志愿服务的需要，及时发布招募信息，明确志愿服务所需的条件和要求，组织开展经常性招募和应急性招募，不断壮大志愿者队伍。全面推行志愿者注册制度，依托有关部门和行业协会成立的全国性志愿者组织，建立完善志愿者注册管理系统和志愿服务信息平台，并实现互联互通、信息共享，把志愿服务资源有效整合起来，引导志愿者长期参加志愿服务活动。

12. 加强培训和管理。做好志愿者的培训和管理工作，是提高志愿者素质和志愿服务水平的重要举措。各级各类志愿者组织要根据志愿服务项目的要求，依托行业协会、专门学会和基层宣传教育阵地，对志愿者进行相关知识和技能培训，提高服务意识、服务能力和服务水平。要重视志愿者骨干的培养，使他们成为志愿服务的中坚力量。要跟踪掌握志愿者接受培训、参加服务的情况，合理安排服务时间和服务任务，实现志愿者、服务对象和活动项目的有效衔接。

13. 建立和完善激励机制。在志愿者组织内部建立以服务时间和服务质量为主要内容的星级认定制度。鼓励机关、学校和企事业单位，在同等条件下优先录取和聘用有志愿服务经历且表现突出者，并作为评先创优的重要条件。把开展志愿服务活动作为创建文明城市、文明村镇、文明单位的重要内容，作为考核的重要指标。定期评选表彰优秀志愿者和优秀志愿者组织。

14. 提供政策和法规保障。认真总结推广志愿服务地方性立法的经验，加快全国志愿服务立法进程。在制定和实行各项经济、社会政策时，充分体现志愿服务的要求，提倡和鼓励志愿服务的行为，维护志愿者的正当权益，防止因具体政策不当挫伤人们参加志愿服务活动的积极性。把志愿服务的要求渗透到社会管理之中，体现在市民公约、乡规民约、学生守则、职业规范之中，使志愿服务逐步成为人们的自觉行动和生活方式。

五、切实加强对志愿服务活动的组织领导，推动志愿服务持续健康发展

15. 健全领导体制、整合社会资源。各级党委政府要把深入开展志愿服务活动，作为精神文明建设的一件大事摆上重要议事日程，切实抓紧抓好，推动志愿服务机制化、常态化。要在中央文明委领导下，成立由中央文明办牵头，民政部、全国总工会、共青团中央、全国妇联、中国科协、中国残联、中国红十字总会和全国老龄办共同参加的全国志愿服务活动协调小组，负责全国志愿服务活动的总体规划和协调指导，督促检查各地各部门开展志愿服务活动的情况，总结推广先进经验。各级文明委要加强统筹，把各方面的力量动员起来，形成齐抓共管的工作格局。文明办要加强与各有关方面的联系沟通，认真做好各项组织协调工作。各有关部门要结合工作特点，发挥自身优势，各负其责、各展所长，组织开展多种形式的群众乐于参与便于参与的志愿服务活动。民政部门要积极推动社区志愿服务活动，工会组织要广泛开展职工志愿服务活动，共青团组织要不断深化青年志愿者行动，妇联组织要扎实推进巾帼和家庭志愿服务活动，科协组织要认真抓好科普志愿服务活动，残联组织要继续深化扶残助残志愿服务活动，红十字会要广泛开展人道救助志愿服务活动，老龄组织要积极动员老年人参加志愿服务活动。大力发展各类志愿者组织。重视发挥各类民间组织特别是慈善机构和非营利性社会团体的作用。积极推动志愿服务的国际合作与交流。

16. 加大经费投入、提供基本保障。要充分发挥政府投入的引导作用，采取适当方式为开展志愿服务活动提供必要的经费支持。积极鼓励企事业单位、公募性基金会和公民个人对志愿服务活动进行资助，形成多渠道、社会化的筹资机制。成立中国志愿服务基金会，设在中央文明办。根据需要为志愿者参加志愿服务购买保险和提供物质保障，把人们参与志愿服务的积极性保护好、引导好、发挥好，促进志愿服务活动持续健康发展。

各省、自治区、直辖市和新疆生产建设兵团文明委，中央文明委各成员单位，要按照本意见的精神，结合实际，制定贯彻落实的具体措施。

中央精神文明建设指导委员会

2008 年 10 月 6 日

115. 关于公共文化设施开展学雷锋志愿服务的实施意见

围绕发挥公共文化设施培育和弘扬社会主义核心价值观、传播社会主义先进文化的重要作用，根据中宣部、中央文明办、民政部等 8 部门《关于支持和发展志愿服务组织的意见》（文明办〔2016〕10 号）精神，现就深入推进公共图书馆、博物馆、文化馆、美术馆、科技馆和革命纪念馆（以下统称公共文化设施）学雷锋志愿服务，提出以下意见：

一、总体要求

（一）指导思想。全面贯彻落实党的十八大和十八届三中、四中、五中全会精神，以邓小平理论、“三个代表”重要思想、科学发展观为指导，深入贯彻习近平总书记系列重要讲话精神，紧紧围绕“五位一体”总体布局和“四个全面”战略布局，牢固树立并贯彻落实创新、协调、绿色、开放、共享的发展理念，坚持中国特色社会主义道路自信、理论自信、制度自信、文化自信，以培育和践行社会主义核心价值观、满足人民群众日益增长的精神文化需求为出发点，以提高国民素质和社会文明程度为目标，以公共图书馆、博物馆、文化馆、美术馆、科技馆和革命纪念馆为平台，稳步推进公共文化设施志愿服务站点建设，广泛吸引志愿者参与文化志愿服务，发展壮大学雷锋志愿服务队伍，大力弘扬“奉献、友爱、互助、进步”的志愿精神，丰富人民精神世界，增强人民精神力量，建设社会主义文化强国，助推实施国家创新驱动发展战略和建设世界科技强国，为实现“两个一百年”奋斗目标、实现中华民族伟大复兴的中国梦提供坚强的思想保证、强大的精神力量和丰润的道德滋养。

（二）基本原则。坚持正确导向。牢固树立以人民为中心的工作导向，树立红色阵地意识，把社会主义核心价值观贯穿结合融入文化志愿服务，引导人们服务他人、奉献社会，主动承担社会责任，共同建设美好生活，促进在全社会形成积极向上的精神追求和健康文明的生活方式。

坚持文化育人。突出爱国主义主旋律，用中华民族创造的一切精神财富来以文化人、以文育人，大力宣传中华民族的光荣历史、优秀文化和科技成果，继承五四运动以来的革命文化传统，让收藏在禁宫里的文物、陈列在广阔大地上的遗产、书写在古籍里的文字活起来，引导人们树立和坚持正确的历史观、民族观、国家观、文化观，增强做中国人的骨气和底气。

坚持示范带动。立足公共文化设施实际，自上而下、逐次推进，率先搞好国家级文博单位和科普场馆的志愿服务，抓点带线、以线促面，建立示范带动机制，建设一批活动规范有序、作用发挥明显、社会影响力强的示范单位，为公共文化设施开展志愿服务树立榜样和标杆，示范带动各类志愿服务组织和服务项目健康发展，促进学雷锋志愿服务制度化常态化。

坚持改革创新。把支持和发展公共文化设施志愿服务纳入文化体制改革，促进基本公共文化服务标准化、均等化。深化志愿服务内容和形式创新，因地制宜，科学规划，突出特色，打造品牌。深化文化志愿服务管理模式创新，鼓励志愿者自我教育、自我管理、自我服务，提高志愿服务效率，提升志愿服务水平。

（三）工作目标。到 2020 年，基本建成公共文化设施志愿服务组织体系、志愿服务项目体系和志愿服务管理制度体系。公共文化设施志愿者队伍不断壮大，志愿服务组织充满活力，志愿服务活动广泛开展，成为全社会学雷锋志愿服务的品牌、传承和弘扬中华优秀传统文化的窗口、培育和践行社会主义核心价值观的重要阵地。

二、壮大公共文化设施志愿者队伍

（四）志愿服务内容。公共文化设施志愿者，是指以自己的时间和知识、技能、体力等，在公共文化设施提供志愿服务的个人。公共文化设施志愿者一般从事三类服务：一是社会教育，主要是讲解导览、公共教育、文化活动等；二是专业服务，主要是参与文创开发、藏品登记、专业研究、文献翻译、陈列展览等；三是辅助管理，主要是行政运行、信息咨询、环境秩序维护等。

（五）志愿者招募范围。公共文化设施要坚持以需求为导向招募社会志愿者，也可招募本单位职工利用工余时间参加志愿服务。鼓励面向社会招募身体健康的低龄老年志愿者，发挥他们时间充裕、服务热情高、生活阅历丰富的优势，形成公共文化设施志愿者的稳定力量。鼓励从文化单位、研究机构、专业院校招募志愿者，支持专家学者和社会知名人士积极参与，发挥他们的专业优势，提升志愿服务专业化水平。支持依法登记的社会组织特别是慈善组织及其志愿者队伍，协同公共文化设施开展志愿服务、培训和管理。倡导青少年学生到公共文化设施参加力所能及的志愿服务，培养志愿服务意识，提高社会实践能力，增强社会责任感。在校学生参与公共文化设施志愿服务，原则上应由学校统一组织。

（六）志愿者招募条件。公共文化设施志愿者一般应年满 18 周岁，具备与从事志愿服务相应的民事行为能力、身体条件、服务时间、服务技能和人文素养，能够参加志愿服务培训及相关活动。自觉遵守国家法律法规，具有良好品行，工作负责，热情礼貌，友好协作。不满 18 周岁的未成年人经其监护人同意或由其监护人陪同，可参加与其年龄、身心状况相适应的文化志愿服务活动。

三、推进公共文化设施志愿服务

（七）成立志愿服务组织。公共文化设施可根据志愿服务需要，经单位领导机构同意，在本单位成立志愿服务组织。公共文化设施成立的志愿服务组织可以申请成为已登记志愿服务组织的会员单位或分支机构，接受其规范指导和工作支持。达到登记条件的，可向民政部门申请依法登记。鼓励社会组织孵化基地支持公共文化设施志愿服务组织的启动成立、初期运作、项目开发、合作交流等，帮助提升公共文化设施志愿服务能力。

（八）设立志愿服务站点。公共文化设施结合自身实际，建立志愿服务站点，搭建志愿服务平台。建立健全科学有效的志愿服务管理制度，编写志愿服务手册或服务指南，为志愿者开展志愿服务提供基本遵循和依据。要安排工作人员做好志愿服务的组织、管理和保障，引导志愿者与公共文化设施工作人员协同配合，合力提高服务效能。

（九）坚持项目化运作。把面向群众、服务社会摆在首位，结合公共文化设施自身特点，精心设计开展志愿服务项目。项目定位要准确，紧密结合志愿服务对象的需求，合理安排志愿服务内容和志愿者岗位，明确岗位职责、服务标准和工作流程。志愿者招募要精准，明确每一个岗位对志愿者知识、技能、年龄、教育背景等方面的具体要求，把合适的人放在合适的岗位上，使人尽其才、才尽其用。项目实施要规范，运用管理制度规范志愿者行为，提高服务质量，打造品牌项目，扩大志愿服务社会影响。

（十）积极拓展服务范围。要立足单位、聚焦服务，不断拓展志愿服务领域，扩大志愿服务覆盖面。支持公共文化设施开展面向老年人、未成年人、残疾人、农民工和生活困难群众的志愿服务，大力弘扬中华民族尊老爱老、扶危济困、助人为乐的传统美德，促进社会和谐，维护社会稳定。鼓励公共文化设施与大中学校结对子，成为大中学生课外活动和社会实践基地，设计适合学生年龄特点的志愿服务项目。倡导公共文化设施加强社会合作，组织志愿者走进党政机关、企事业单位、城乡社区，举办知识讲座、巡回展览、文艺演出、阅读推广等，传播先进文化，普及科学知识。积极探索“互联网＋志愿服务”，安全合规利用信息技术手段，助推志愿服务专业化、特色化和精准化。鼓励符合规定条件的公共文化设施志愿服务组织，积极承接政府购买公共文化服务项目。

四、建立健全公共文化设施志愿服务制度

（十一）做好志愿者招募和注册。公共文化设施要根据志愿服务的需要，及时发布招募信息，明确志愿服务所需的条件和要求，组织开展经常性招募和临时性招募，使志愿服务有人做、做得好。依托全国志愿服务信息系统，建立完善志愿者注册制度，保护志愿者个人隐私。志愿者应在注册时，提供真实身份信息、服务技能、服务时间、联系方式等个人基本信息。

（十二）加强志愿者培训和管理。公共文化设施要根据志愿服务要求，以提升志愿者素质和能力为重点，组织学习培训，开展研讨交流，不断提高志愿者的服务意识、服务能力和服务水平。加强志愿者骨干的培养，使他们成为公共文化设施志愿服务的中坚力量。跟踪掌握志愿者接受培训、参加服务的情况，评估服务效果，及时改进提高，实现志愿者、服务对象和服务项目的有效衔接。坚持管理与服务并重，尊重志愿者意愿和劳动成果，保护志愿者的合法权益，吸引和留住优秀志愿者。

（十三）健全志愿服务考核激励机制。公共文化设施要建立和完善志愿服务记录制度，开展以志愿服务时间和服务质量为主要内容的综合评价，调动和保护志愿者的积极性和服务热情。按照《志愿服务记录办法》（民函〔2012〕340号）和《关于规范志愿服务记录证明工作的指导意见》（民发〔2015〕149号）要求，采用统一的内容、格式和记录方式，及时、完整、准确记录志愿者参加公共文化设施志愿服务的信息，规范出具志愿服务记录证明，做好志愿者星级认定工作。要充分体现志愿服务自愿、无偿、利他、平等的特点，建立志愿者嘉许制度，褒扬和嘉奖本单位招募的优秀志愿者，积极探索优秀志愿者激励回馈制度。按照“谁证明谁负责”的原则，逐步建立志愿服务虚假证明责任追究制度和监督检查制度。

（十四）加强志愿服务保障和支持。公共文化设施要将开展学雷锋志愿服务纳入事业发展规划，列入重要议事日程，制定保障措施和支持措施，促进志愿服务持续健康发展。要结合实际制定实施方案，明确具体责任部门和责任人，扎实推进工作落实，不断提高志愿服务的科学化、规范化和社会化水平。要保障志愿者必要的工作条件，为开展志愿服务提供必要的经费支持。根据志愿服务活动的需要，为志愿者提供适当的交通、误餐等补助，购买必要保险、提供基本保障，切实维护志愿者的正当权益。

五、加强组织领导

（十五）明确工作职责。落实中央文明委工作部署，把公共文化设施志愿服务纳入学雷锋志愿服务总体工作，统筹安排、共同推进。各地文明办要发挥好牵头作用，民政部门要切实履行行政管理工作职责，宣传、教育、文化、文物、科协等有关部门要结合工作职能，发挥自身优势，加强宣传引导，按照有关规定对作出突出贡献的志愿者和志愿服务组织进行表彰奖励，积极营造支持和参与公共文化设施学雷锋志愿服务的良好社会氛围。

（十六）发挥示范作用。制定公共文化设施学雷锋志愿服务首批61个示范单位具体工作方案，逐一明确志愿者数量、岗位、条件和报名方式，在中央媒体公布，形成社会声势，广泛吸引志愿者参与，激励示范单位发挥带头作用，走在前列。公共文化设施的党政领导干部、共产党员、共青团员要作出表率，积极参加学雷锋志愿服务。公共文化设施行业组织和全国性志愿服务总队要发挥好联络协调作用，推动行业性和区域性学雷锋志愿服务活动开展，促进地区间文化志愿服务协同联动，形成合力。

附件（略）

116. 全国老龄委开展银龄行动文件

关于印发《组织开展老年知识分子援助西部大开发行动试点方案》的通知

各省、自治区、直辖市及计划单列市老龄工作委员会，新疆生产建设兵团老龄工作委员会，全国老龄工作委员会各成员单位：

经国务院领导同志批准，全国老龄工作委员会决定在全国组织开展老年知识分子援助西部大开发行动（“银龄行动”）。现将《组织开展老年知识分子援助西部大开发行动试点方案》印发给你们，请结合实际，认真贯彻执行。

我国现有离退休科技人员500多万人，其中，年龄在70岁以下的约占70%，具有中高级技术职称、身体健康、有能力继续发挥作用的约占70%。这些老年知识分子，对党和国家有深厚感情，是一笔宝贵财富。积极开发老年人才智力资源，充分发挥其专长参与西部大开发，为社会再做贡献，是老龄工作部门认真贯彻党的十六大精神和“三个代表”重要思想、推进全面建设小康社会、落实西部大开发战略任务的具体行动，也是实现老有所为的新探索和推动老龄事业发展的重要举措。地方各级老龄工作委员会要把组织开展“银龄行动”作为当前和今后一个时期老龄工作的重要内容，认真抓好，抓出成效。组织开展“银龄行动”，要从实际需要和可能出发，确定对口支援的项目和人员，实实在在地帮助西部地区解决发展过程中的问题，力戒形式主义。被确定为试点单位的上海、新疆、辽宁、青海和甘肃等五个省（自治区、直辖市），要切实加强领导，及时研究、解决工作中出现的问题，为“银龄行动”在全国推开积累经验。其他省（自治区、直辖市）要参照试点方案，根据本地实际，认真开展调查研究，积极创造条件，逐步开展此项工作。

组织开展“银龄行动”涉及许多部门，老龄工作委员会各成员单位要积极支持，密切配合；各地老龄工作委员会要切实加强组织协调。全国和试点省（自治区、直辖市）的老龄工作委员会办公室作为牵头单位，要周密安排，精心组织，确保试点工作顺利进行。同时，注意及时了解、总结试点工作中的经验和做法。

全国老龄工作委员会

2003年2月27日

组织开展老年知识分子援助西部大开发行动试点方案

为贯彻落实李岚清副总理2002年9月2日在中科院老同志科普宣

讲团座谈会上关于“老龄委可以研究开展以民间形式组织的发挥老年人才智力的活动”的指示精神，全国老龄工作委员会决定组织开展“老年知识分子援助西部大开发行动”试点。试点方案如下：

一、“行动”名称。“老年知识分子援助西部大开发行动”，是倡导并组织以东部地区为主的全国大中城市离退休老年知识分子以各种形式向西部地区开展智力援助行动，支援西部大开发。援助行动可以在全国范围内开展，也可以在一个省（自治区、直辖市）内进行。鉴于老年知识分子大都已“华发如银”，行动简称为“银龄行动”。

二、试点单位。根据调查摸底情况，确定上海与新疆、辽宁与青海作为省际对口支援试点，甘肃作为省内开展援助行动的试点。

三、参加人员。主要是70岁以下、身体健康、愿为西部作贡献的离退休医生、教师、科技工作者和文艺工作者等老年知识分子。

四、实施原则。一是量力自愿。老年知识分子根据自己的身体状况和专业技能，自愿报名。二是服务与安全并重。既要有利于发挥老同志的专业特长，又要确保老同志的健康与安全。三是对口支援、双向选择。“银龄行动”在老龄工作部门的组织协调下，由援助地区与受援地区的卫生、教育、科技、文化等部门根据需要和可能，充分协商，双向选择。四是注重实效。要从实际出发，切实为西部地区发展先进生产力、先进文化解决一些实际问题，力戒形式主义。

五、援助方式。首先由西部地区提供人才需求情况，东部地区据此向社会招募人才，实行供需见面，签订协议。援助重点放在承担提供医疗服务、教学任务、参与科技项目和培养艺术人才等方面。时间可长可短，但最短不能少于三个月。

六、经费保障。必要的经费支持是做好这项工作的基本保证。援助者的往返路费、体格检查和人身保险由援助方负责，援助者的饮食、居住、交通费用和适当补贴由受援方负责。全国和有关地方老龄工作委员会办公室在组织这项活动中所需的调研、宣传、总结、表彰等经费，在财政核拨的老龄机构工作经费中解决。

七、组织领导。“银龄行动”在全国和有关地方老龄工作委员会的组织协调下，由全国和有关地方老龄工作委员会办公室牵头，民间团体参与，有关部门支持。全国老龄工作委员会办公室负责组织协调、宏观指导，注意及时总结经验，改进工作。

（发文字号：全国老工委发 [2003]1 号 发布时间：2003 年 3 月 6 日）

117. 教育部开展银龄讲学计划文件

教育部办公厅 财政部办公厅关于做好 2023 年银龄讲学计划有关实施工作的通知

教师厅函〔2023〕17 号

各省、自治区、直辖市教育厅（教委）、财政厅（局），新疆生产建设兵团教育局、财政局：

为深入贯彻落实习近平新时代中国特色社会主义思想和党的二十大精神，进一步落实《中共中央 国务院关于全面深化新时代教师队伍建设改革的意见》，充分利用退休教师优势资源，加强新时代乡村教师队伍建设，进一步提高农村教育质量，推动巩固脱贫攻坚成果同乡村振兴有效衔接，根据国家银龄教师行动计划战略部署，现将做好 2023 年银龄讲学计划有关实施工作通知如下。

一、准确把握政策要点

（一）实施范围。以县为基本单位，主要面向脱贫地区（原国家确定的集中连片特困地区县、国家扶贫开发工作重点县、省级扶贫开发工作重点县、深度贫困县），欠发达的民族县、革命老区县、边境县以及新疆生产建设兵团（以下简称兵团）团场等，重点向国家乡村振兴重点帮扶县、原“三区三州”等深度贫困地区倾斜。受援学校为县镇和农村学校。

（二）招募人数。2023 年义务教育阶段计划招募 6000 名讲学教师（见附件 2）。

（三）资格条件。申请银龄讲学计划的退休教师以校长、教研员、特级教师、骨干教师为主。年龄一般在 65（含）岁以下，政治可靠、师德高尚、爱岗敬业、业务精良；身体健康、甘于奉献、不怕吃苦、作风扎实；教育教学经验丰富。讲学教师原则上应具有中级及以上教师职称，以高级教师为主。原单位返聘退休教师工作不列入银龄讲学计划。

（四）岗位职责。按照“需求为本、形式灵活”的原则，招募到的讲学校长可以担任受援学校的副校长，指导参与学校的管理工作；讲学教师可以根据自己的专业特长开展以课堂教学为主的讲学活动，同时也可根据受援学校的教育教学需求进行听课评课、开设公开课、组织研讨课、举办专题讲座等，指导青年教师、协助学校做好教学管理和开展教研活动等丰富多样的讲学活动，发挥示范和辐射作用，带动提升受援学校教育教学和管理水平。鼓励讲学教师与青少年学生开展共同读书等系列共育活动。

讲学教师服务时间原则上不少于 1 学年，鼓励考核合格的连续讲学。各受援县教育局与拟招募讲学教师签订银龄讲学服务协议，协议一年一签，明确双方的权利和义务，正式签约前，讲学教师需提供近六个月体检报告。讲学教师服务期间，由受援县对其进行跟踪评估，对不按协议要求（五）招募程序。招募工作由省级教育行政部门负责，遵循“公开、公平、自愿、择优”和“定县、定校、定岗”原则，从受援县学校实际需要出发，招募讲学教师，结合讲学教师专业特长，选准学科专业。按下列程序进行：（1）公布需求；（2）自愿报名；（3）资格审核或遴选；（4）公示公布；（5）签订协议；（6）上岗任教。

（六）保障措施。

1. 经费保障。讲学教师服务期间人事关系、现享受的退休待遇不变。按月发放工作经费。工作经费主要用于向讲学教师发放工作补助、交通差旅费用及购买意外保险费等补助。讲学教师工作经费由中央财政和地方财政按照年人均2万元标准共同分担。其中：西部省份由中央财政负担；中部省份由省级财政和中央财政按 1:1 比例分担；东部省份由省级财政自行负担。中央财政应分担的工作经费采取据实结算的方式。各省份和兵团可根据实际，提高工作经费补助标准，高出部分由省级财政负担。如需安排讲学教师岗前研修，费用由省级财政负担。

2. 政策保障。受援县要为讲学教师提供周转宿舍，配备必要的生活设施。讲学教师因病因伤发生的医疗费用，按本人医疗关系和有关规定办理。对于讲学期间表现优秀的，在评优表彰等方面优先考虑，可按照有关规定给予表彰、奖励。对于讲学期间考核不称职或存在问题的，按照有关规定处理。

二、切实做好组织实施

（一）落实招募任务。各省份和兵团要做好招募工作，结合当地实际情况，尽快启动 2023 年讲学教师公开招募工作。加强对本地招募计划的统筹，提高招募完成率，确保新招募讲学教师安全按时上岗。

（二）摸清受援需求。各省份和兵团要摸清受援县需求，充分听取基层学校意见，优先保障国家乡村振兴重点帮扶县、原“三区三州”等深度贫困地区，以及教育发展欠发达地区招募需求，统筹兼顾不同学段情况，招募受援县急需的、符合规定条件的讲学教师。

（三）加强政策宣传。各省份和兵团要加强政策宣传，及时收集积累相关资料和信息，深入挖掘讲学教师中的先进典型和感人事迹，弘扬教师奉献精神，营造良好的工作氛围。

（四）加大查处力度。对于银龄讲学计划实施管理不到位，特别是招募计划完成不好，讲学教师待遇保障政策落实不到位的，要严肃查处，并要求立即整改。对整改不力的，将予以通报批评。

三、及时准确报送材料

请各省份和兵团组建工作组，于2023年8月10日前报送《2023年银龄讲学计划工作组名单》（附件1）和实施方案。请各省份和兵团于2023年10月30日前报送工作总结、《银龄讲学计划2023—2024学年招募讲学教师汇总表》（见附件3）、《银龄讲学计划2024—2025学年招募讲学教师需求表》（见附件4）。

附件（略）

教育部办公厅 财政部办公厅

2023年7月25日

118. 卫生健康委开展银龄医生进基层文件

国家卫生健康委办公厅关于启用银龄医生进基层服务专栏的通知

各省、自治区、直辖市及新疆生产建设兵团卫生健康委：

为贯彻落实中共中央办公厅、国务院办公厅《关于加快推进乡村人才振兴的意见》，进一步加强乡村基层卫生健康人才队伍建设，鼓励退休医务人员到乡村基层医疗卫生机构服务，不断提高基层医疗卫生服务水平，满足人民群众日益增长的健康需求，我委委托有关单位开设了银龄医生进基层服务专栏（以下简称银龄服务专栏）。该专栏已于 9 月 30 日正式启用，现就银龄服务专栏启用有关事项通知如下。

一、目标任务

新一轮医药卫生体制改革启动以来，我国基层医疗卫生体系得到长足发展，成为人民群众获取基本医疗和基本公共卫生服务的重要渠道。随着人口老龄化程度加深和群众健康需求的提高，基层医疗卫生人员队伍人员短缺、服务能力相对不足的问题，逐渐成为限制基层医疗卫生事业发展的主要制约因素之一。与此同时，每年有大量经验丰富的二级以上医院医务人员因为到龄退休离开医疗岗位。为加快缓解基层卫生技术人才短缺问题，充分开发退休医务人员人力资源，我委积极推动建立退休医务人员到基层服务的长效机制，通过开设银龄服务专栏，搭建二级及以上医院退休医务人员到乡村基层医疗卫生机构执业的便捷通道，发挥“传、帮、带”作用，着力提高基层医疗卫生机构服务能力和水平，为全面推进健康中国建设和乡村振兴提供有力支撑。

二、服务范围

（一）银龄服务专栏由我委委托国家卫生健康委人才交流服务中心下属卫人就业网建设开发，供全国基层医疗卫生机构（公立）和全体退休医疗人员免费注册使用，目前暂不对城市公立医院和民营医疗卫生机构开放。

（二）银龄服务专栏由卫人就业网负责全面运营和管理，与卫人就业网面向社会提供的招聘宣介服务系统是相互独立的两个系统。

三、专栏主要功能

（一）银龄服务专栏面向基层医疗卫生机构和退休医务人员两类用户，可通过电脑端和手机端登录访问。电脑端可通过卫人就业网（www.weirenjob.com）首页专属平台入口进入，也可通过访问平台地址（yl.weirenjob.com）直接进入。手机端可通过关注“卫人就业网”微信公众号（微信号：weirenjob），点击底部菜单栏“招聘资讯”中的“银龄进基层”跳转进入，也可通过扫描本通知末尾二维码快捷进入。

（二）基层医疗卫生机构用户注册账号并审核通过后，可以使用职位管理（职位发布、修改、下线）、人才管理（简历查看与处理）、面试日程（视频面试、线下面试）等功能。

（三）退休医务人员用户注册账号及完善个人资料后，可以选择合适的职位进行投递，并可通过求职中心查看收藏、订阅、关注的职位和基层医疗卫生机构，随时查看应聘反馈信息。

四、工作要求

（一）各地卫生健康行政部门要充分利用广播、电视、报刊杂志等传统媒体以及微博、微信公众号、手机 APP 等新媒介，广泛发动卫生健康领域行业协会、学会，多渠道、多形式宣传推广银龄服务专栏，提高知晓度和使用率。同时，重点宣传乡村基层医疗卫生机构服务典型案例，对表现突出的退休医务人员可适当给予表扬。

（二）各地二级及以上医院应当通过离退休人员管理部门和工会等多种渠道将银龄服务专栏告知本院退休人员，并在院内醒目位置布置宣传海报（可登录卫人就业网下载），积极宣传倡导，鼓励退休人员主动走进乡村基层医疗卫生机构，为群众提供优质便捷的医疗卫生服务，并将宝贵的医疗经验传授给更多的基层医务人员。

（三）各基层医疗卫生机构应当指派专人管理本机构账号，根据实际需求，通过银龄服务专栏发布招聘岗位。招聘结束后，管理人员应当在系统中对所聘用退休医务人员进行确认。基层医疗卫生机构应当为拟聘用的退休医务人员提供必要的工作场所，在机构内部张贴宣传海报，进行广泛宣传，营造良好的工作氛围；注重发掘退休医务人员典型事迹，及时报送当地卫生健康行政部门。

国家卫生健康委办公厅

2021 年 10 月 11 日

119. 全国妇联开展巾帼志愿者主题活动文件

全国妇联关于开展“乡村振兴巾帼行动”的实施意见

各省、自治区、直辖市妇联，新疆生产建设兵团妇联：

为深入学习贯彻党的十九大精神，全面落实《中共中央国务院关于实施乡村振兴战略的意见》，在实施乡村振兴战略中充分发挥妇联组织独特作用和妇女“半边天”作用，全国妇联决定开展“乡村振兴巾帼行动”。具体意见如下：

一、充分认识开展“乡村振兴巾帼行动”的重要意义

实施乡村振兴战略，是以习近平同志为核心的党中央从党和国家事业全局出发，着眼于实现“两个一百年”奋斗目标、实现中华民族伟大复兴的中国梦作出的重大战略部署，是顺应亿万群众对美好生活的期待、解决新时代我国社会主要矛盾的必然要求，是以人民为中心的重要体现。妇女是推动农业农村现代化的重要力量，是乡村振兴的享有者、受益者，更是推动者、建设者。开展“乡村振兴巾帼行动”，是党中央赋予妇联组织的重大政治任务。各级妇联组织要把开展“乡村振兴巾帼行动”作为做好中国特色社会主义新时代党的农村妇女工作的重要载体，作为进一步保持和增强政治性先进性群众性的具体行动，紧紧围绕产业兴旺、生态宜居、乡风文明、治理有效、生活富裕的总要求，在农村产业发展、生态环境保护、乡风文明建设、农村弱势群体关爱等方面发挥妇联组织的独特作用，最广泛地把农村妇女动员起来、组织起来，更紧密地团结在党的周围，坚定不移听党话跟党走，为实现乡村全面振兴贡献巾帼力量。

二、“乡村振兴巾帼行动”主要任务

1. 加强思想引领，动员农村妇女积极投身乡村振兴战略。把学习宣传贯彻习近平新时代中国特色社会主义思想和党的十九大精神作为首要政治任务，引领广大农村妇女进一步增强对习近平新时代中国特色社会主义思想的政治认同、思想认同、情感认同，深刻理解实施乡村振兴战略的重大意义，切实把思想和行动统一到党的十九大精神上来，把智慧和力量凝聚到实施乡村振兴战略的目标任务上来。大力宣传党的乡村振兴方针政策，帮助妇女及时了解、掌握和运用强农惠农富农政策，充分发挥积极性主动性创造性，在农村广阔天地展现作为、彰显风采。

2. 实施“农村妇女素质提升计划”，提高农村妇女参与乡村振兴的素质和能力。动员农村妇女积极参加政府部门及相关组织举办的培训，促进妇女平等享有普惠性政策资源，推动提高妇女受训比例。加大网络教育培训工作力度，增强农村妇女网络学习意识，开发多种形式网络教育培训课程，不断扩大妇女受训范围。面向农村妇女骨干、基层妇联干部和返乡下乡创业女大学生、女农民工等群体，开展现代农业实用技术、电子商务、乡村旅游、手工制作等示范培训，帮助农村妇女提高适应生产力发展和市场竞争的能力，在更广领域、更深层次参与农业农村现代化建设。

3. 开展“美丽家园”建设活动，引领农村妇女共建共享生态宜居新农家。强化农村妇女的生态环保理念，以大讲堂、宣传栏、文艺宣传和新媒体等农村妇女喜闻乐见的形式，引导农村妇女绿色发展、清洁生产、绿色出行，自觉践行简约适度、绿色低碳的生产生活方式。推动妇女从家庭做起、从改变生活和卫生习惯入手，清理整治房前屋后环境，清除私搭乱建、乱堆乱放，全面净化绿化美化庭院。动员妇女积极参加农村人居环境整治三年行动，广泛参与农村垃圾、污水治理和村容村貌提升以及厕所革命，提升文明健康意识，养成良好生活习惯，摒弃乱扔、乱吐、乱贴等不文明行为，共同建设山清水秀、天蓝地绿、村美人和的幸福美丽新家园。

4. 拓展寻找“最美家庭”活动内涵，以文明家风促进乡风文明。围绕培育和践行社会主义核心价值观，抓住传统节日节点，不断拓展寻找“最美家庭”内涵，动员组织农村妇女和家庭积极参与寻找“最美家庭”活动。广泛开展好家庭好家风巡讲，在积极倡导夫妻和睦、孝老爱亲、科学教子、勤俭持家、邻里和谐的同时，大力推动农村妇女和家庭崇尚科学文明、抵制封建迷信，带头移风易俗，反对天价彩礼、大操大办等陈规陋习，传播真善美、弘扬正能量。注重挖掘各具特色的家书家规家训等资源，讲好家风家训故事，推动形成爱国爱家、相亲相爱、向上向善、共建共享的社会主义家庭文明新风尚。

5. 持续深化“巾帼脱贫行动”，增强贫困妇女群众获得感。以帮扶深度贫困地区妇女为重点，以增强贫困妇女内生动力和脱贫能力为突破口，以更有力的举措、更精细的工作，进一步抓实抓牢立志脱贫、能力脱贫、创业脱贫、巧手脱贫、互助脱贫、健康脱贫、爱心脱贫七项重点任务。加大贫困地区妇女骨干培训力度，深入推进巾帼脱贫示范基地创建工作，充分发挥妇女特色产业的带动作用。大力开展“姐妹手拉手 · 巾帼脱贫快步走”活动，推动基层妇联执委、农村致富女带头人和女企业家等与贫困妇女结对帮扶，齐心协力打好精准脱贫攻坚战。

三、加强对“乡村振兴巾帼行动”的组织领导

实施乡村振兴战略是全党全社会的共同责任。各级妇联组织要切实把思想和行动统一到党中央的决策和部署上来，围绕当地党委政府的工作部署，发挥好桥梁纽带作用，创造性地推进“乡村振兴巾帼行动”。加强调查研究。坚持问题导向，深入乡村、沉到基层开展调研，充分了解掌握农村妇女所思所想所盼，着力帮助解决农村妇女面临的困难和问题，推动出台促进妇女发展的政策措施。及时跟进相关法律政策的制定修订和贯彻落实，密切关注土地承包经营权确权颁证、宅基地确权颁证、农村土地征收、集体经营性建设用地入市和宅基地制度改革以及集体经营性资产股份合作制改革中，农村妇女合法权益的保护和落实。

强化工作落实。把开展“乡村振兴巾帼行动”纳入重要日程，明确工作思路，突出工作重点，探索工作路径，搭建工作载体，细化实化工作措施，推动“乡村振兴巾帼行动”各项任务落到实处、取得实效。加强工作宣传，注重线上线下结合，运用好全媒体手段，讲好乡村振兴巾帼故事、总结交流各地工作经验、培树农村妇女创业创新典范，大力营造良好工作氛围。充分发挥基层妇联组织的作用。不断深化乡镇妇联组织区域化建设改革，持续推进村妇代会改建妇联工作。坚持网上网下共建“妇女之家”，深入拓展“妇女之家”建设领域，推动在“妇女之家”普遍建立妇女议事会，夯实联系服务妇女群众的工作阵地。不断壮大基层妇联组织工作力量，切实发挥基层妇联执委作用，积极完善长效工作机制，以改革激发出来的巨大组织活力，汇聚起推动乡村振兴的强大巾帼力量。

全国妇联

2018年2月2日

120. 老科协志愿服务主题活动文件

中国科协等8部门印发《关于加强新时代老科学技术工作者协会工作 更好发挥老科技工作者作用的意见》的通知

为认真贯彻落实习近平总书记对老科协工作和老龄工作的重要指示精神，认真学习贯彻落实党的二十大精神，贯彻落实《中共中央、国务院关于加强新时代老龄工作的意见》，加强新时代老科学技术工作者协会工作，把老科技工作者充分集聚到党和人民事业中来，在新时代新征程上更好发挥作用。中国科协、科技部、人力资源社会保障部、教育部、民政部、国家卫健委、国务院国资委、全国老龄办研究制定了《关于加强新时代老科学技术工作者协会工作 更好发挥老科技工作者作用的意见》，现印发你们，请结合实际，认真贯彻执行。

中国科协 科技部 人力资源社会保障部

教育部　民政部　国家卫生健康委

国务院国资委　全国老龄办

2023年6月19日

关于加强新时代老科学技术工作者协会工作更好发挥老科技工作者作用的意见

为深入学习贯彻党的二十大精神和习近平总书记对老科学技术工作者协会（以下简称老科协）的重要指示精神，深入实施科教兴国战略、人才强国战略、创新驱动发展战略，深入实施积极应对人口老龄化国家战略，贯彻落实《中共中央 国务院关于加强新时代老龄工作的意见》，现就进一步加强和改进新时代老科协工作，更好发挥老科技工作者作用提出如下意见。

一、充分认识新时代老科协工作的使命和责任

1. 老科技工作者是党和国家事业发展的宝贵财富和重要资源。老科技工作者是党的人才队伍的重要组成部分，退休后继续关注国家经济社会发展大业，继续关心科技事业，在决策咨询、科技创新、科学普及、推动科技为民服务等方面做出了积极贡献。加快实现高水平科技自立自强，推动高质量发展，全面建设社会主义现代化国家、全面推进中华民族伟大复兴，需要用好用活老科技工作者这一重要人才资源，充分发挥老科技工作者队伍人才荟萃、智力密集、经验丰富等优势，更好为党和国家事业服务。

2. 老科协组织是党和政府联系老科技工作者的桥梁和纽带。老科协是党领导下的老科技工作者的组织，老科协工作是党的老干部工作、人才工作、老龄工作、科技工作的重要组成部分。要关心和关怀老科技工作者，支持和推动老科协工作高质量发展，支持老科协肩负桥梁和纽带职责，为老科技工作者服务、为创新驱动发展服务、为提高全民科学素质服务、为党和政府科学决策服务，更广泛地把广大老科技工作者团结在党的周围，为全面建设社会主义现代化国家做出新的贡献。

二、积极支持老科技工作者更好发挥作用

3. 发挥智库作用，为党和政府科学决策服务。充分发挥老科技工作者跨学科、经验丰富的优势，围绕科教兴国战略、人才强国战略、创新驱动发展战略、积极应对人口老龄化国家战略建言献策，积极参加国家科技战略咨询工作、国家和地方高端智库工作。积极支持老科技工作者参加有关政策法规、重大项目和重点课题等方面的协同调研和决策咨询。发挥特聘专家领衔作用，组织研究队伍，注重调查研究，建真言献实策，

不断开展高质量决策咨询工作。

4. 创新科普工作方式，为全民科学素质提升服务。支持办好老年科技大学，搭建深入基层的老年科技教育平台，提升老年人信息素养和健康素养。鼓励老科技工作者进校园开展“大手拉小手”科普教学活动，积极参与共建农村中学科技馆，关心下一代的科普教育等工作，服务青少年科学素质提升。支持老科技工作者开展老年人健康科普服务，组织老专家进社区、进乡村开展健康大讲堂和医疗义诊，积极举办科学健康论坛等活动，提高老年人适应社会发展能力，实现老有所学、老有所为、老有所乐。

5. 充分发挥老科技工作者助力乡村振兴、助力企业技术创新的重要作用，为创新驱动发展服务。鼓励老科技工作者积极参与科技小院、专家大院、院（校）地合作等科技社会化服务。开展农业技术示范、培训和宣讲活动，助力推动乡村产业、人才、文化、生态、组织振兴。继续开展“万名老专家进万企”行动，组织老科技工作者以老专家工作站等方式为企业提供技术创新服务。动员老科技工作者参与以企业为主体、产学研相结合的技术创新合作平台等创新联合体建设，助力专精特新企业发展。鼓励和支持有意愿有条件的老科技工作者创新创业。

6. 充分发挥老科技工作者专业经验丰富优势，为区域创新服务。充分发挥老科技工作者特长优势，支持老科技工作者参与地方高质量发展重大活动，为地方经济社会发展服务。支持老科技工作者服务区域人才培养，帮助有需要的地区培育青年科技工作者。鼓励符合条件的退休老专家开展创新创业创造行动，可以受聘作为项目组成员，参与国家科技计划项目。建立区域科技创新合作机制和协同互助机制，鼓励有条件的老科协开展跨区域创新合作，促进各类创新要素合理流动、优化配置和高效集聚，促进区域协调发展。

7. 弘扬科学家精神，为建设人才强国服务。鼓励老科技工作者发扬“传帮带”作用，真心爱才，开展科学道德和学风建设宣讲活动，弘扬社会主义核心价值观，弘扬科学家精神，为青年人才成长提供指导、搭建舞台。鼓励老科技工作者悉心育才，言传身教，助力乡村人才振兴，帮助企业培训创新创业人才，帮助中西部地区培育青年科技工作者。鼓励老科技工作者倾心引才，利用全球科技领域中的广泛社会联系和深厚人脉资源，积极保持、延续、拓展民间国际科技交流和合作，助力高水平人才交流。

三、竭诚为老科技工作者服务

8. 加强老科技工作者人才资源开发。要把老科技工作者人才资源开发纳入到人才工作整体规划之中，为老科技工作者继续发光发热拓展渠道。支持研究机构等设立老龄问题研究智库，设立专门研究课题和项目，加强老龄人才开发问题研究。凡符合条件的离退休专业技术人员可以参加专业技术人员职业资格考试，取得证书者按照规定登记注册，老科协组织主动做好服务。

9. 关心老科技工作者安享幸福晚年。积极为老科技工作者办实事，鼓励有关部门和社会机构推动实现老有所养和老有所为相结合。开展经常性看望慰问老科技工作者活动，帮助解决实际困难。重视和关心空巢老科技工作者，重点帮扶生活中存在困难的老科技工作者。活跃老科技工作者的精神生活，开展各类科学健身、文体活动。

10. 奖励先进老科技工作者。奖励在科技创新、科学普及和成果推广中做出贡献的先进个人和集体。在 5 月 30 日全国科技工作者日和重阳节全国老科技工作者日期间举办奖励活动，颁发奖章、奖状、奖牌等，营造全社会关注、尊重和支持老科技工作者的良好氛围，激发老科技工作者进一步发挥余热再做贡献。

11. 宣传老科技工作者先进事迹。以积极老龄观、健康老龄化发展理念为指引，通过网络、刊物、宣讲等多种形式，大力弘扬老科学家、老科技工作者诚信友善、爱国敬业的先进典型和感人事迹，宣传他们继续服务祖国、奉献社会、实现自我价值的典型经验做法。协同推进老科学家学术成长资料采集工作，征集老科技工作者的优良家训、家教和家风故事，发挥他们在全社会，特别是青年中的引导和榜样作用。

四、进一步加强老科协组织建设

12. 坚持党对老科协的领导。深入贯彻落实新时代党的创新理论和习近平总书记对老科协工作和老龄工作的重要指示精神，深刻认识“两个确立”的决定性意义，增强“四个意识”、坚定“四个自信”、做到“两个维护”。加强对老科技工作者的政治引领，加强老科协党组织建设，深入开展党校教育和培训，建立健全党建长效机制，发挥老党员的言传身教作用，更好地把老科技工作者团结凝聚在党的周围，坚定不移听党话、跟党走，不断增强老科协组织的政治性、先进性和群众性。

13. 注重老科协负责人队伍建设。在老科协班子建设和其他有关活动中要充分尊重离退休科技工作者群体的特点，支持符合条件的退休干部按规定程序审批或备案后在老科协兼任职务。选优配强老科协领导班子成员，及时把即将退出或新退出领导岗位、身体健康、乐于奉献的老同志充实进老科协领导班子。高度重视老科协队伍建设，选好配好秘书处工作力量，着力建设高水平科技社团。

14. 重视老科协组织建设。支持地方老科协加强组织建设、支持老科协分支机构加强组织建设，重点做好在老科技工作者集中的部门、行业、城市建立老科协组织的工作，加强和改善大型企业和高校老科协组织建设。支持有条件的城市社区，特别是中心城市老科技工作者相对集中的社区建立老科协组织。完善和建立老科协决策、执行、评价、监督体制和运行机制。

五、为新时代老科协工作营造良好环境

15. 强化为老科协服务的意识。老科协是党的群众工作重要组成部分，是老科技工作者之家。要把加强老科协工作放到突出位置，主动服务，推动有关法规政策的制定、完善和落地，为老科协的改革发展创造条件，不断增强老科协对老科技工作者的凝聚力。

16. 为老科协开展工作创造条件。加强对老科协工作的业务指导，要为各级老科协发挥作用搭建平台、提供资源支撑，妥善解决好老科协办公用房、办公经费、工作人员和开展相关业务经费等问题。支持老科协适应科技经济社会发展需要，多渠道筹集经费。重视发挥老科协在决策咨询、科学技术普及等方面的独特作用，支持老科协承接有关任务，创办新的社会服务项目，巩固和拓展发展空间。做好维护老科技工作者权益保障工作。

17. 建立健全老科协工作联席会议制度。各级党委和政府有关部门要发挥职能作用，加强支持与配合，定期听取老科协工作汇报，帮助老科协解决改革发展中的实际问题，及时研究发挥老科技工作者作用存在的困难和问题，提出解决的具体措施和对策。要将推动老科技工作者和老科协组织发挥作用纳入有关规划和年度计划，指导老科协开展好有关工作，形成共同服务老科技工作者的工作氛围。

18. 动员社会广泛参与。鼓励企事业单位和个人对老科协事业提供支持，推动群团组织、涉老组织结合各自职能开展老龄人才工作，形成全社会共同参与的工作格局。发挥老科协助力老龄事业发展的重要作用，组建老科技工作者志愿队伍，引导老科技工作者积极参与基层民主监督、移风易俗、民事调解、文教卫生等活动。

（发文时间：2023 年 6 月 19 日）

121. 医保政策（含异地就医）

国务院办公厅关于健全重特大疾病医疗保险和救助制度的意见

国办发〔2021〕42 号

各省、自治区、直辖市人民政府，国务院各部委、各直属机构：

做好重特大疾病医疗保障，是进一步减轻困难群众和大病患者医疗费用负担、防范因病致贫返贫、筑牢民生保障底线的重要举措。为深入贯彻党中央、国务院关于深化医疗保障制度改革和完善社会救助制度的决策部署，巩固拓展医疗保障脱贫攻坚成果，不断增强人民群众获得感、幸福感、安全感，经国务院同意，现就健全重特大疾病医疗保险和救助制度提出以下意见。

一、总体要求

以习近平新时代中国特色社会主义思想为指导，全面贯彻党的十九大和十九届二中、三中、四中、五中全会精神，坚持以人民为中心，坚持共同富裕方向，坚持应保尽保、保障基本，尽力而为、量力而行，推动民生改善更可持续。聚焦减轻困难群众重特大疾病医疗费用负担，建立健全防范和化解因病致贫返贫长效机制，强化基本医保、大病保险、医疗救助（以下统称三重制度）综合保障，实事求是确定困难群众医疗保障待遇标准，确保困难群众基本医疗有保障，不因罹患重特大疾病影响基本生活，同时避免过度保障。促进三重制度综合保障与慈善救助、商业健康保险等协同发展、有效衔接，构建政府主导、多方参与的多层次医疗保障体系。

二、科学确定医疗救助对象范围

（一）及时精准确定救助对象。医疗救助公平覆盖医疗费用负担较重的困难职工和城乡居民，根据救助对象类别实施分类救助。对低保对象、特困人员、低保边缘家庭成员和纳入监测范围的农村易返贫致贫人口，按规定给予救助。对不符合低保、特困人员救助供养或低保边缘家庭条件，但因高额医疗费用支出导致家庭基本生活出现严重困难的大病患者（以下称因病致贫重病患者），根据实际给予一定救助。综合考虑家庭经济状况、医疗费用支出、医疗保险支付等情况，由省（自治区、直辖市）民政部门会同医疗保障等相关部门合理确定因病致贫重病患者认定条件。县级以上地方人民政府规定的其他特殊困难人员，按上述救助对象类别给予相应救助。

三、强化三重制度综合保障

（二）确保困难群众应保尽保。困难群众依法参加基本医保，按规定享有三重制度保障权益。全面落实城乡居民基本医保参保财政补助政策，对个人缴费确有困难的群众给予分类资助。全额资助特困人员，定额资助低保对象、返贫致贫人口。定额资助标准由省级人民政府根据实际确定。适应人口流动和参保需求变化，灵活调整救助对象参保缴费方式，确保其及时参保、应保尽保。

（三）促进三重制度互补衔接。发挥基本医保主体保障功能，严格执行基本医保支付范围和标准，实施公平适度保障；增强大病保险减负功能，探索完善大病保险对低保对象、特困人员和返贫致贫人口的倾斜支付政策，发挥补充保障作用；夯实医疗救助托底保障功能，按照“先保险后救助”的原则，对基本医保、大病保险等支付后个人医疗费用负担仍然较重的救助对象按规定实施救助，合力防范因病致贫返贫风险。完善农村易返贫致贫人口医保帮扶措施，推动实现巩固拓展医疗保障脱贫攻坚成果同乡村振兴有效衔接。

四、夯实医疗救助托底保障

（四）明确救助费用保障范围。坚持保基本，妥善解决救助对象政策范围内基本医疗需求。救助费用主要覆盖救助对象在定点医药机构发生的住院费用、因慢性病需长期服药或患重特大疾病需长期门诊治疗的费用。由医疗救助基金支付的药品、医用耗材、诊疗项目原则上应符合国家有关基本医保支付范围的规定。基本医保、大病保险起付线以下的政策范围内个人自付费用，按规定纳入救助保障。除国家另有明确规定外，各统筹地区不得自行制定或用变通的方法擅自扩大医疗救助费用保障范围。

（五）合理确定基本救助水平。按救助对象家庭困难情况，分类设定年度救助起付标准（以下简称起付标准）。对低保对象、特困人员原则上取消起付标准，暂不具备条件的地区，其起付标准不得高于所在统筹地区上年居民人均可支配收入的 5%，并逐步探索取消起付标准。低保边缘家庭成员起付标准按所在统筹地区上年居民人均可支配收入的 10% 左右确定，因病致贫重病患者按 25% 左右确定。对低保对象、特困人员符合规定的医疗费用可按不低于 70% 的比例救助，其他救助对象救助比例原则上略低于低保对象。具体救助比例的确定要适宜适度，防止泛福利化倾向。各统筹地区要根据经济社会发展水平、人民健康需求、医疗救助基金支撑能力，合理设定医疗救助年度救助限额。农村易返贫致贫人口救助水平，按巩固拓展医疗保障脱贫攻坚成果有效衔接乡村振兴战略有关政策规定执行。

（六）统筹完善托底保障措施。加强门诊慢性病、特殊疾病救助保障，门诊和住院救助共用年度救助限额，统筹资金使用，着力减轻救助对象门诊慢性病、特殊疾病医疗费用负担。对规范转诊且在省域内就医的救助对象，经三重制度综合保障后政策范围内个人负担仍然较重的，给予倾斜救助，具体救助标准由统筹地区人民政府根据医疗救助基金筹资情况科学确定，避免过度保障。通过明确诊疗方案、规范诊疗等措施降低医疗成本，合理控制困难群众政策范围内自付费用比例。

五、建立健全防范和化解因病致贫返贫长效机制

（七）强化高额医疗费用支出预警监测。实施医疗救助对象信息动态管理。分类健全因病致贫和因病返贫双预警机制，结合实际合理确定监测标准。重点监测经基本医保、大病保险等支付后个人年度医疗费用负担仍然较重的低保边缘家庭成员和农村易返贫致贫人口，做到及时预警。加强部门间信息共享和核查比对，协同做好风险研判和处置。加强对监测人群的动态管理，符合条件的及时纳入救助范围。

（八）依申请落实综合保障政策。全面建立依申请救助机制，畅通低保边缘家庭成员和农村易返贫致贫人口、因病致贫重病患者医疗救助申请渠道，增强救助时效性。已认定为低保对象、特困人员的，直接获得医疗救助。强化医疗救助、临时救助、慈善救助等综合性保障措施，精准实施分层分类帮扶。综合救助水平要根据家庭经济状况、个人实际费用负担情况合理确定。

六、积极引导慈善等社会力量参与救助保障

（九）发展壮大慈善救助。鼓励慈善组织和其他社会组织设立大病救助项目，发挥补充救助作用。促进互联网公开募捐信息平台发展和平台间慈善资源共享，规范互联网个人大病求助平台信息发布，推行阳光救助。支持医疗救助领域社会工作服务和志愿服务发展，丰富救助服务内容。根据经济社会发展水平和各方承受能力，探索建立罕见病用药保障机制，整合医疗保障、社会救助、慈善帮扶等资源，实施综合保障。建立慈善参与激励机制，落实相应税收优惠、费用减免等政策。

（十）鼓励医疗互助和商业健康保险发展。支持开展职工医疗互助，规范互联网平台互助，加强风险管控，引导医疗互助健康发展。支持商业健康保险发展，满足基本医疗保障以外的保障需求。鼓励商业保险机构加强产品创新，在产品定价、赔付条件、保障范围等方面对困难群众适当倾斜。

七、规范经办管理服务

（十一）加快推进一体化经办。细化完善救助服务事项清单，出台医疗救助经办管理服务规程，做好救助对象信息共享互认、资助参保、待遇给付等经办服务。推动基本医保和医疗救助服务融合，依托全国统一的医疗保障信息平台，依法依规加强数据归口管理。统一协议管理，强化定点医疗机构费用管控主体责任。统一基金监管，做好费用监控、稽查审核，保持打击欺诈骗保高压态势，对开展医疗救助服务的定点医疗机构实行重点监控，确保基金安全高效、合理使用。推动实行“一站式”服务、“一窗口”办理，提高结算服务便利性。

（十二）优化救助申请审核程序。简化申请、审核、救助金给付流程，低保对象、特困人员直接纳入“一站式”结算，探索完善其他救助对象费用直接结算方式。加强部门工作协同，全面对接社会救助经办服务，按照职责分工做好困难群众医疗救助申请受理、分办转办及结果反馈。

动员基层干部，依托基层医疗卫生机构，做好政策宣传和救助申请委托代办等，及时主动帮助困难群众。

（十三）提高综合服务管理水平。加强对救助对象就医行为的引导，推行基层首诊，规范转诊，促进合理就医。完善定点医疗机构医疗救助服务内容，提高服务质量，按规定做好基本医保和医疗救助费用结算。按照安全有效、经济适宜、救助基本的原则，引导医疗救助对象和定点医疗机构优先选择纳入基本医保支付范围的药品、医用耗材和诊疗项目，严控不合理费用支出。经基层首诊转诊的低保对象、特困人员在市域内定点医疗机构住院，实行"先诊疗后付费"，全面免除其住院押金。做好异地安置和异地转诊救助对象登记备案、就医结算，按规定转诊的救助对象，执行户籍地所在统筹地区救助标准。未按规定转诊的救助对象，所发生的医疗费用原则上不纳入医疗救助范围。

八、强化组织保障

（十四）加强组织领导。强化党委领导、政府主导、部门协同、社会参与的重特大疾病保障工作机制。将困难群众重特大疾病医疗救助托底保障政策落实情况作为加强和改善民生的重要指标，纳入医疗救助工作绩效评价。各省（自治区、直辖市）要落实主体责任，细化政策措施，强化监督检查，确保政策落地、待遇落实、群众得实惠。要结合落实医疗保障待遇清单制度，制定出台细化措施，切实规范医疗救助保障范围，坚持基本保障标准，确保制度可持续发展。加强政策宣传解读，及时回应社会关切，营造良好舆论氛围。各地区政策实施情况及时报送国家医保局。

（十五）加强部门协同。建立健全部门协同机制，加强医疗保障、社会救助、医疗卫生制度政策及经办服务统筹协调。医疗保障部门要统筹推进医疗保险、医疗救助制度改革和管理工作，落实好医疗保障政策。民政部门要做好低保对象、特困人员、低保边缘家庭成员等救助对象认定工作，会同相关部门做好因病致贫重病患者认定和相关信息共享，支持慈善救助发展。财政部门要按规定做好资金支持。卫生健康部门要强化对医疗机构的行业管理，规范诊疗路径，促进分级诊疗。税务部门要做好基本医保保费征缴相关工作。银保监部门要加强对商业保险机构承办大病保险的行业监管，规范商业健康保险发展。乡村振兴部门要做好农村易返贫致贫人口监测和信息共享。工会要做好职工医疗互助和罹患大病困难职工帮扶。

（十六）加强基金预算管理。在确保医疗救助基金安全运行基础上，统筹协调基金预算和政策制定，落实医疗救助投入保障责任。拓宽筹资渠道，动员社会力量，通过慈善和社会捐助等多渠道筹集资金，统筹医疗救助资金使用。加强预算执行监督，全面实施预算绩效管理。促进医疗救助统筹层次与基本医保统筹层次相协调，提高救助资金使用效率。

（十七）加强基层能力建设。加强基层医疗保障经办队伍建设，统筹医疗保障公共服务需求和服务能力配置，做好相应保障。积极引入社会力量参与经办服务，大力推动医疗救助经办服务下沉，重点提升信息化和经办服务水平。加强医疗救助政策和业务能力培训，努力打造综合素质高、工作作风好、业务能力强的基层经办队伍。

国务院办公厅

2021 年 10 月 28 日

国家医保局 财政部关于进一步做好基本医疗保险跨省异地就医直接结算工作的通知

医保发〔2022〕22 号

一、总体要求（略）

二、完善跨省异地就医直接结算政策

（一）统一住院、普通门诊和门诊慢特病费用跨省直接结算基金支付政策。跨省异地就医直接结算的住院、普通门诊和门诊慢特病医疗费用，原则上执行就医地规定的支付范围及有关规定（基本医疗保险药品、医疗服务项目和医用耗材等支付范围），执行参保地规定的基本医疗保险基金起付标准、支付比例、最高支付限额、门诊慢特病病种范围等有关政策。

（二）明确异地就医备案人员范围。跨省异地长期居住或跨省临时外出就医的参保人员办理异地就医备案后可以享受跨省异地就医直接结算服务。其中跨省异地长期居住人员包括异地安置退休人员、异地长期居住人员、常驻异地工作人员等长期在参保省、自治区、直辖市（以下统称省）以外工作、居住、生活的人员；跨省临时外出就医人员包括异地转诊就医人员，因工作、旅游等原因异地急诊抢救人员以及其他跨省临时外出就医人员。

（三）规范异地就医备案有效期限。跨省异地长期居住人员办理登记备案后，备案长期有效；参保地可设置变更或取消备案的时限，原则上不超过 6 个月。跨省临时外出就医人员备案有效期原则上不少于 6 个月，有效期内可在就医地多次就诊并享受跨省异地就医直接结算服务。

（四）允许补办异地就医备案和无第三方责任外伤参保人员享受跨省异地就医直接结算服务。参保人员跨省出院结算前补办异地就医备案的，就医地联网定点医疗机构应为参保人员办理医疗费用跨省直接结算。跨省异地就医参保人员出院自费结算后按规定补办备案手续的，可以按参保地规定申请医保手工报销。同时，符合就医地管理规定的无第三方责任外伤费用可纳入跨省异地就医直接结算范围，就医地经办机构应将相关费用一并纳入核查范围。

（五）支持跨省异地长期居住人员可以在备案地和参保地双向享受医保待遇。跨省异地长期居住人员在备案地就医结算时，基本医疗保险基金的起付标准、支付比例、最高支付限额原则上执行参保地规定的本地就医时的标准；备案有效期内确需回参保地就医的，可以在参保地享受医保结算服务，原则上不低于参保地跨省转诊转院待遇水平。其中参保人员以个人承诺方式办理跨省异地长期居住人员备案手续的，应履行承诺事项，可在补齐相关备案材料后在备案地和参保地双向享受医保待遇。跨省异地长期居住人员符合转外就医规定的，执行参保地跨省转诊转院待遇政策。

（六）合理确定跨省临时外出就医人员报销政策。各统筹地区要根据经济社会发展水平、人民健康需求、医保基金支撑能力和分级诊疗要求，合理设定跨省临时外出就医人员直接结算报销政策。跨省临时外出就医人员可低于参保地相同级别医疗机构报销水平，原则上，异地转诊人员和异地急诊抢救人员支付比例的降幅不超过 10 个百分点，非急诊且未转诊的其他跨省临时外出就医人员支付比例的降幅不超过 20 个百分点。强化异地就医结算政策与分级诊疗制度的协同，合理确定异地就医人员在不同级别医疗机构的报销水平差异，引导参保人员有序就医。

三、规范跨省异地就医直接结算管理服务

（一）规范异地就医备案流程。参保人员跨省异地就医前，可通过国家医保服务平台 APP、国家异地就医备案小程序、国务院客户端小程序或参保地经办机构窗口等线上线下途径办理异地就医备案手续。参保地经办机构要切实做好跨省异地就医结算政策宣传解读，简化办理流程，缩短办理时限，支持符合条件的参保人员补办异地就医备案手续。参保人员申请异地就医备案时，可直接备案到就医地市或直辖市等，并在备案地开通的所有跨省联网定点医疗机构享受住院费用跨省直接结算服务，门诊就医时按照参保地异地就医管理规定选择跨省联网定点医药机构就医购药。

（二）方便符合条件的参保人员跨省转诊就医。参保人员应按分级诊疗的相关规定有序就医，确因病情需要跨省异地就医的，可通过参保地规定的定点医疗机构向省外医疗机构转诊。定点医疗机构应以患者病情为出发点制定合理的诊疗方案，需要转诊时可通过不同形式安排转诊，不得将在本地住院作为开具转诊的先决条件。参保人员因同种疾病确需在就医地继续治疗或再次转外就医的，参保地经办机构应简化异地就医备案手续，方便参保人员享受跨省异地就医直接结算服务。

（三）规范参保人员持医保电子凭证、社会保障卡就医。参保人员跨省异地就医时，应在就医地的跨省联网定点医药机构主动表明参保身份，出示医保电子凭证或社会保障卡等有效凭证。跨省联网定点医药机构应做好参保人员的参保身份验证工作，指引未办理备案人员及时办理备案手续，为符合就医地规定门（急）诊、住院患者，提供合理规范的诊疗服务及方便快捷的跨省异地就医直接结算服务。

（四）规范跨省直接结算流程。跨省异地就医直接结算时，就医地应将住院费用明细信息转换为全国统一的大类费用信息，将门诊费用（含普通门诊和门诊慢特病）按照就医地支付范围及有关规定对每条费用明细进行费用分割，经国家、省级异地就医结算系统实时传输至参保地，参保地按照当地政策规定计算出应由参保人员个人负担以及各项医保基金支付的金额，并将结果回传至就医地定点医药机构，用于定点医药机构与参保人员直接结算。参保人员因故无法直接结算的，跨省联网定点医药机构应根据医保电子凭证或社会保障卡等有效凭证采集参保人员有关信息，并将医疗费用明细、诊断等就诊信息及时上传至国家医疗保障信息平台，支持全国开展跨省异地就医手工报销线上办理试点。

（五）实行就医地统一管理。就医地经办机构应将异地就医人员纳入本地统一管理，在医疗信息记录、绩效考核、医疗行为监控、费用审核、总额预算等方面提供与本地参保人员相同的服务和管理，并在定点医药机构医疗保障服务协议中予以明确。鼓励地方探索 DRG/DIP 等医保支付方式改革在异地就医结算中的应用，引导定点医疗机构合理诊疗。

（六）强化异地就医业务协同管理。各级医保部门应逐步健全工作机制，形成分工明确、职责明晰、流程统一的跨省异地就医业务协同管理体系，在问题协同、线上报销、费用协查、信息共享等方面全面提升各级医保经办机构业务协同管理能力。国家级经办机构负责统一组织、指导监督、综合协调省际异地就医直接结算管理服务工作，省级经办机构负责在省域范围内统一组织、协调并实施跨省异地就医直接结算管理服务工作，各统筹地区经办机构按国家和省级要求做好跨省异地就医直接结算管理服务工作。

四、强化跨省异地就医资金管理（略）

五、提升医保信息化标准化支撑力度（略）

六、加强跨省异地就医直接结算基金监管（略）

七、工作要求（略）

附件：基本医疗保险跨省异地就医直接结算经办规程（略）

国家医保局　财政部

2022 年 6 月 30 日

跨省异地就医备案流程概括如下：第一步，扫描下方葵花码，打开国务院客户端小程序“跨省异地就医备案”；第二步，点击“开始备案”，进入“异地备案”页面，参保人可以在该页面查询统筹区开通情况、定点医药机构（住院、门诊、门诊特慢病）开通情况等；第三步，点击【异地就医备案申请】，选择备案类型；第四步，阅读备案告知书，提交备案材料。需要注意的是，电子社保卡和医保电子凭证同样可以扫描进行跨省异地就医备案。

122. 中华人民共和国法律援助法

（2021 年 8 月 20 日第十三届全国人民代表大会常务委员会第三十次会议通过）

第一章　总则

第一条　为了规范和促进法律援助工作，保障公民和有关当事人的合法权益，保障法律正确实施，维护社会公平正义，制定本法。

第二条　本法所称法律援助，是国家建立的为经济困难公民和符合法定条件的其他当事人无偿提供法律咨询、代理、刑事辩护等法律服务的制度，是公共法律服务体系的组成部分。

第三条　法律援助工作坚持中国共产党领导，坚持以人民为中心，尊重和保障人权，遵循公开、公平、公正的原则，实行国家保障与社会参与相结合。

第四条 县级以上人民政府应当将法律援助工作纳入国民经济和社会发展规划、基本公共服务体系，保障法律援助事业与经济社会协调发展。

县级以上人民政府应当健全法律援助保障体系，将法律援助相关经费列入本级政府预算，建立动态调整机制，保障法律援助工作需要，促进法律援助均衡发展。

第五条 国务院司法行政部门指导、监督全国的法律援助工作。县级以上地方人民政府司法行政部门指导、监督本行政区域的法律援助工作。

县级以上人民政府其他有关部门依照各自职责，为法律援助工作提供支持和保障。

第六条 人民法院、人民检察院、公安机关应当在各自职责范围内保障当事人依法获得法律援助，为法律援助人员开展工作提供便利。

第七条 律师协会应当指导和支持律师事务所、律师参与法律援助工作。

第八条 国家鼓励和支持群团组织、事业单位、社会组织在司法行政部门指导下，依法提供法律援助。

第九条 国家鼓励和支持企业事业单位、社会组织和个人等社会力量，依法通过捐赠等方式为法律援助事业提供支持；对符合条件的，给予税收优惠。

第十条 司法行政部门应当开展经常性的法律援助宣传教育，普及法律援助知识。

新闻媒体应当积极开展法律援助公益宣传，并加强舆论监督。

第十一条 国家对在法律援助工作中做出突出贡献的组织和个人，

按照有关规定给予表彰、奖励。

第二章　机构和人员

第十二条　县级以上人民政府司法行政部门应当设立法律援助机构。法律援助机构负责组织实施法律援助工作，受理、审查法律援助申请，指派律师、基层法律服务工作者、法律援助志愿者等法律援助人员提供法律援助，支付法律援助补贴。

第十三条　法律援助机构根据工作需要，可以安排本机构具有律师资格或者法律职业资格的工作人员提供法律援助；可以设置法律援助工作站或者联络点，就近受理法律援助申请。

第十四条　法律援助机构可以在人民法院、人民检察院和看守所等场所派驻值班律师，依法为没有辩护人的犯罪嫌疑人、被告人提供法律援助。

第十五条　司法行政部门可以通过政府采购等方式，择优选择律师事务所等法律服务机构为受援人提供法律援助。

第十六条　律师事务所、基层法律服务所、律师、基层法律服务工作者负有依法提供法律援助的义务。

律师事务所、基层法律服务所应当支持和保障本所律师、基层法律服务工作者履行法律援助义务。

第十七条　国家鼓励和规范法律援助志愿服务；支持符合条件的个人作为法律援助志愿者，依法提供法律援助。

高等院校、科研机构可以组织从事法学教育、研究工作的人员和法学专业学生作为法律援助志愿者，在司法行政部门指导下，为当事人提供法律咨询、代拟法律文书等法律援助。

法律援助志愿者具体管理办法由国务院有关部门规定。

第十八条 国家建立健全法律服务资源依法跨区域流动机制，鼓励和支持律师事务所、律师、法律援助志愿者等在法律服务资源相对短缺地区提供法律援助。

第十九条 法律援助人员应当依法履行职责，及时为受援人提供符合标准的法律援助服务，维护受援人的合法权益。

第二十条 法律援助人员应当恪守职业道德和执业纪律，不得向受援人收取任何财物。

第二十一条 法律援助机构、法律援助人员对提供法律援助过程中知悉的国家秘密、商业秘密和个人隐私应当予以保密。

第三章 形式和范围

第二十二条 法律援助机构可以组织法律援助人员依法提供下列形式的法律援助服务：

（一）法律咨询；

（二）代拟法律文书；

（三）刑事辩护与代理；

（四）民事案件、行政案件、国家赔偿案件的诉讼代理及非诉讼代理；

（五）值班律师法律帮助；

（六）劳动争议调解与仲裁代理；

（七）法律、法规、规章规定的其他形式。

第二十三条 法律援助机构应当通过服务窗口、电话、网络等多种方式提供法律咨询服务；提示当事人享有依法申请法律援助的权利，并告知申请法律援助的条件和程序。

第二十四条 刑事案件的犯罪嫌疑人、被告人因经济困难或者其他原因没有委托辩护人的，本人及其近亲属可以向法律援助机构申请法律援助。

第二十五条 刑事案件的犯罪嫌疑人、被告人属于下列人员之一，没有委托辩护人的，人民法院、人民检察院、公安机关应当通知法律援助机构指派律师担任辩护人：

（一）未成年人；

（二）视力、听力、言语残疾人；

（三）不能完全辨认自己行为的成年人；

（四）可能被判处无期徒刑、死刑的人；

（五）申请法律援助的死刑复核案件被告人；

（六）缺席审判案件的被告人；

（七）法律法规规定的其他人员。

其他适用普通程序审理的刑事案件，被告人没有委托辩护人的，人民法院可以通知法律援助机构指派律师担任辩护人。

第二十六条 对可能被判处无期徒刑、死刑的人，以及死刑复核案件的被告人，法律援助机构收到人民法院、人民检察院、公安机关通知后，应当指派具有三年以上相关执业经历的律师担任辩护人。

第二十七条 人民法院、人民检察院、公安机关通知法律援助机构指派律师担任辩护人时，不得限制或者损害犯罪嫌疑人、被告人委托辩护人的权利。

第二十八条 强制医疗案件的被申请人或者被告人没有委托诉讼代理人的，人民法院应当通知法律援助机构指派律师为其提供法律援助。

第二十九条 刑事公诉案件的被害人及其法定代理人或者近亲属，刑事自诉案件的自诉人及其法定代理人，刑事附带民事诉讼案件的原告人及其法定代理人，因经济困难没有委托诉讼代理人的，可以向法律援助机构申请法律援助。

第三十条 值班律师应当依法为没有辩护人的犯罪嫌疑人、被告人提供法律咨询、程序选择建议、申请变更强制措施、对案件处理提出意见等法律帮助。

第三十一条 下列事项的当事人，因经济困难没有委托代理人的，可以向法律援助机构申请法律援助：

（一）依法请求国家赔偿；

（二）请求给予社会保险待遇或者社会救助；

（三）请求发给抚恤金；

（四）请求给付赡养费、抚养费、扶养费；

（五）请求确认劳动关系或者支付劳动报酬；

（六）请求认定公民无民事行为能力或者限制民事行为能力；

（七）请求工伤事故、交通事故、食品药品安全事故、医疗事故人身损害赔偿；

（八）请求环境污染、生态破坏损害赔偿；

（九）法律、法规、规章规定的其他情形。

第三十二条 有下列情形之一，当事人申请法律援助的，不受经济困难条件的限制：

（一）英雄烈士近亲属为维护英雄烈士的人格权益；

（二）因见义勇为行为主张相关民事权益；

（三）再审改判无罪请求国家赔偿；

（四）遭受虐待、遗弃或者家庭暴力的受害人主张相关权益；

（五）法律、法规、规章规定的其他情形。

第三十三条 当事人不服司法机关生效裁判或者决定提出申诉或者申请再审，人民法院决定、裁定再审或者人民检察院提出抗诉，因经济困难没有委托辩护人或者诉讼代理人的，本人及其近亲属可以向法律援助机构申请法律援助。

第三十四条 经济困难的标准，由省、自治区、直辖市人民政府根据本行政区域经济发展状况和法律援助工作需要确定，并实行动态调整。

第四章 程序和实施

第三十五条 人民法院、人民检察院、公安机关和有关部门在办理案件或者相关事务中，应当及时告知有关当事人有权依法申请法律援助。

第三十六条 人民法院、人民检察院、公安机关办理刑事案件，发现有本法第二十五条第一款、第二十八条规定情形的，应当在三日内通知法律援助机构指派律师。法律援助机构收到通知后，应当在三日内指派律师并通知人民法院、人民检察院、公安机关。

第三十七条 人民法院、人民检察院、公安机关应当保障值班律师依法提供法律帮助，告知没有辩护人的犯罪嫌疑人、被告人有权约见值班律师，并依法为值班律师了解案件有关情况、阅卷、会见等提供便利。

第三十八条 对诉讼事项的法律援助，由申请人向办案机关所在地的法律援助机构提出申请；对非诉讼事项的法律援助，由申请人向争议处理机关所在地或者事由发生地的法律援助机构提出申请。

第三十九条 被羁押的犯罪嫌疑人、被告人、服刑人员，以及强制隔离戒毒人员等提出法律援助申请的，办案机关、监管场所应当在二十四小时内将申请转交法律援助机构。

犯罪嫌疑人、被告人通过值班律师提出代理、刑事辩护等法律援助申请的，值班律师应当在二十四小时内将申请转交法律援助机构。

第四十条 无民事行为能力人或者限制民事行为能力人需要法律援助的，可以由其法定代理人代为提出申请。法定代理人侵犯无民事行为能力人、限制民事行为能力人合法权益的，其他法定代理人或者近亲属可以代为提出法律援助申请。

被羁押的犯罪嫌疑人、被告人、服刑人员，以及强制隔离戒毒人员，可以由其法定代理人或者近亲属代为提出法律援助申请。

第四十一条 因经济困难申请法律援助的，申请人应当如实说明经济困难状况。

法律援助机构核查申请人的经济困难状况，可以通过信息共享查询，或者由申请人进行个人诚信承诺。

法律援助机构开展核查工作，有关部门、单位、村民委员会、居民委员会和个人应当予以配合。

第四十二条 法律援助申请人有材料证明属于下列人员之一的，免予核查经济困难状况：

（一）无固定生活来源的未成年人、老年人、残疾人等特定群体；

（二）社会救助、司法救助或者优抚对象；

（三）申请支付劳动报酬或者请求工伤事故人身损害赔偿的进城务工人员；

（四）法律、法规、规章规定的其他人员。

第四十三条 法律援助机构应当自收到法律援助申请之日起七日内进行审查，作出是否给予法律援助的决定。决定给予法律援助的，应当自作出决定之日起三日内指派法律援助人员为受援人提供法律援助；决定不给予法律援助的，应当书面告知申请人，并说明理由。

申请人提交的申请材料不齐全的，法律援助机构应当一次性告知申请人需要补充的材料或者要求申请人作出说明。申请人未按要求补充材料或者作出说明的，视为撤回申请。

第四十四条 法律援助机构收到法律援助申请后，发现有下列情形之一的，可以决定先行提供法律援助：

（一）距法定时效或者期限届满不足七日，需要及时提起诉讼或者申请仲裁、行政复议；

（二）需要立即申请财产保全、证据保全或者先予执行；

（三）法律、法规、规章规定的其他情形。

法律援助机构先行提供法律援助的，受援人应当及时补办有关手续，补充有关材料。

第四十五条 法律援助机构为老年人、残疾人提供法律援助服务的，应当根据实际情况提供无障碍设施设备和服务。

法律法规对向特定群体提供法律援助有其他特别规定的，依照其规定。

第四十六条 法律援助人员接受指派后，无正当理由不得拒绝、拖延或者终止提供法律援助服务。

法律援助人员应当按照规定向受援人通报法律援助事项办理情况，不得损害受援人合法权益。

第四十七条 受援人应当向法律援助人员如实陈述与法律援助事项有关的情况，及时提供证据材料，协助、配合办理法律援助事项。

第四十八条 有下列情形之一的，法律援助机构应当作出终止法律援助的决定：

（一）受援人以欺骗或者其他不正当手段获得法律援助；

（二）受援人故意隐瞒与案件有关的重要事实或者提供虚假证据；

（三）受援人利用法律援助从事违法活动；

（四）受援人的经济状况发生变化，不再符合法律援助条件；

（五）案件终止审理或者已经被撤销；

（六）受援人自行委托律师或者其他代理人；

（七）受援人有正当理由要求终止法律援助；

（八）法律法规规定的其他情形。

法律援助人员发现有前款规定情形的，应当及时向法律援助机构报告。

第四十九条　申请人、受援人对法律援助机构不予法律援助、终止法律援助的决定有异议的，可以向设立该法律援助机构的司法行政部门提出。

司法行政部门应当自收到异议之日起五日内进行审查，作出维持法律援助机构决定或者责令法律援助机构改正的决定。

申请人、受援人对司法行政部门维持法律援助机构决定不服的，可以依法申请行政复议或者提起行政诉讼。

第五十条　法律援助事项办理结束后，法律援助人员应当及时向法律援助机构报告，提交有关法律文书的副本或者复印件、办理情况报告等材料。

第五章　保障和监督

第五十一条　国家加强法律援助信息化建设，促进司法行政部门与司法机关及其他有关部门实现信息共享和工作协同。

第五十二条　法律援助机构应当依照有关规定及时向法律援助人员支付法律援助补贴。

法律援助补贴的标准，由省、自治区、直辖市人民政府司法行政部门会同同级财政部门，根据当地经济发展水平和法律援助的服务类型、承办成本、基本劳务费用等确定，并实行动态调整。

法律援助补贴免征增值税和个人所得税。

第五十三条 人民法院应当根据情况对受援人缓收、减收或者免收诉讼费用；对法律援助人员复制相关材料等费用予以免收或者减收。

公证机构、司法鉴定机构应当对受援人减收或者免收公证费、鉴定费。

第五十四条 县级以上人民政府司法行政部门应当有计划地对法律援助人员进行培训，提高法律援助人员的专业素质和服务能力。

第五十五条 受援人有权向法律援助机构、法律援助人员了解法律援助事项办理情况；法律援助机构、法律援助人员未依法履行职责的，受援人可以向司法行政部门投诉，并可以请求法律援助机构更换法律援助人员。

第五十六条 司法行政部门应当建立法律援助工作投诉查处制度；接到投诉后，应当依照有关规定受理和调查处理，并及时向投诉人告知处理结果。

第五十七条 司法行政部门应当加强对法律援助服务的监督，制定法律援助服务质量标准，通过第三方评估等方式定期进行质量考核。

第五十八条 司法行政部门、法律援助机构应当建立法律援助信息公开制度，定期向社会公布法律援助资金使用、案件办理、质量考核结果等情况，接受社会监督。

第五十九条 法律援助机构应当综合运用庭审旁听、案卷检查、征询司法机关意见和回访受援人等措施，督促法律援助人员提升服务质量。

第六十条 律师协会应当将律师事务所、律师履行法律援助义务的情况纳入年度考核内容，对拒不履行或者怠于履行法律援助义务的律师事务所、律师，依照有关规定进行惩戒。

第六章　法律责任

第六十一条　法律援助机构及其工作人员有下列情形之一的，由设立该法律援助机构的司法行政部门责令限期改正；有违法所得的，责令退还或者没收违法所得；对直接负责的主管人员和其他直接责任人员，依法给予处分：

（一）拒绝为符合法律援助条件的人员提供法律援助，或者故意为不符合法律援助条件的人员提供法律援助；

（二）指派不符合本法规定的人员提供法律援助；

（三）收取受援人财物；

（四）从事有偿法律服务；

（五）侵占、私分、挪用法律援助经费；

（六）泄露法律援助过程中知悉的国家秘密、商业秘密和个人隐私；

（七）法律法规规定的其他情形。

第六十二条　律师事务所、基层法律服务所有下列情形之一的，由司法行政部门依法给予处罚：

（一）无正当理由拒绝接受法律援助机构指派；

（二）接受指派后，不及时安排本所律师、基层法律服务工作者办理法律援助事项或者拒绝为本所律师、基层法律服务工作者办理法律援助事项提供支持和保障；

（三）纵容或者放任本所律师、基层法律服务工作者怠于履行法律援助义务或者擅自终止提供法律援助；

（四）法律法规规定的其他情形。

第六十三条 律师、基层法律服务工作者有下列情形之一的，由司法行政部门依法给予处罚：

（一）无正当理由拒绝履行法律援助义务或者怠于履行法律援助义务；

（二）擅自终止提供法律援助；

（三）收取受援人财物；

（四）泄露法律援助过程中知悉的国家秘密、商业秘密和个人隐私；

（五）法律法规规定的其他情形。

第六十四条 受援人以欺骗或者其他不正当手段获得法律援助的，由司法行政部门责令其支付已实施法律援助的费用，并处三千元以下罚款。

第六十五条 违反本法规定，冒用法律援助名义提供法律服务并谋取利益的，由司法行政部门责令改正，没收违法所得，并处违法所得一倍以上三倍以下罚款。

第六十六条 国家机关及其工作人员在法律援助工作中滥用职权、玩忽职守、徇私舞弊的，对直接负责的主管人员和其他直接责任人员，依法给予处分。

第六十七条 违反本法规定，构成犯罪的，依法追究刑事责任。

第七章 附则

第六十八条 工会、共产主义青年团、妇女联合会、残疾人联合会等群团组织开展法律援助工作，参照适用本法的相关规定。

第六十九条 对外国人和无国籍人提供法律援助，我国法律有规定的，适用法律规定；我国法律没有规定的，可以根据我国缔结或者参加的国际条约，或者按照互惠原则，参照适用本法的相关规定。

第七十条 对军人军属提供法律援助的具体办法，由国务院和中央军事委员会有关部门制定。

第七十一条 本法自2022年1月1日起施行。

123. 关于进一步加强老年法律维权工作的意见

各省、自治区、直辖市老龄工作委员会办公室、高级人民法院、人民检察院、公安厅（局）、民政厅（局）、司法厅（局），新疆生产建设兵团老龄工作委员会办公室、新疆高院兵团分院、人民检察院、公安局、民政局、司法局：

为贯彻落实党中央、国务院关于应对人口老龄化的决策部署，根据《中华人民共和国老年人权益保障法》（以下简称《老年人权益保障法》），为进一步加强老年法律维权工作，特提出本意见：

一、进一步加强老年法律维权工作的重要意义

党的十八大和十八届三中、四中、五中全会，以及国民经济和社会发展"十三五"规划纲要对应对人口老龄化提出明确要求。以习近平同志为核心的党中央对加强老龄工作、推动老龄事业发展作出一系列重要指示批示，对老年人权益保障工作提出了新的更高要求。截至2015年底，我国60岁以上老年人口达到2.22亿，占总人口的16.1%。到2020年，老年人口将达到2.55亿，占总人口的17.8%。随着老年人口不断增多，老年人利益诉求呈多元化趋势，依法维权意识愈发强烈。近年来，各地贯彻落实《老年人权益保障法》，老年法律维权工作取得显著成绩。

同时，针对老年人的财产、赡养、婚姻、诈骗和非法集资等侵权案件时有发生，老年人合法权益保护工作仍需加强。面对新形势、新要求，进一步加强老年法律维权工作，是贯彻落实党中央、国务院决策部署的积极行动，是加强老龄工作的重要举措，是推进老龄事业全面协调可持续发展的有力保障，有利于提高老年人生活和生命质量，有利于促进家庭和睦社会和谐，有利于实现社会公平正义，对全面建成小康社会具有重要意义。

二、总体要求

（一）指导思想。深入贯彻党的十八大和十八届三中、四中、五中、六中全会精神，以马克思列宁主义、毛泽东思想、邓小平理论、“三个代表”重要思想、科学发展观为指导，全面落实习近平总书记关于加强老龄工作的重要指示和重要讲话精神，按照全面推进依法治国要求，弘扬社会主义法治精神，做好普法宣传教育，加强工作创新，加大老年人合法权益保护力度，努力开创老年法律维权工作新局面，促进老年人共享改革发展成果。

（二）基本原则。坚持以人为本，强化服务。围绕老年人广泛关注和亟待解决的财产、赡养、婚姻等问题，为老年人提供优先、及时、便利、高效的法律维权服务。坚持学用结合，普治并举。坚持法治宣传教育与依法治理有机结合，把法治宣传教育融入老年法律维权工作实践，引导司法人员依法维护老年人合法权益。坚持创新发展，注重实效。总结经验，把握规律，推动老年法律维权工作理念、机制和方式方法的创新，提高工作的针对性和实效性。

三、主要任务分工

（一）各级人民法院要为老年维权案件开辟绿色通道，对老年人因追索赡养费、扶养费、养老金、退休金、抚恤金、医疗费等提出的诉讼要通过繁简分流，严格遵守审限要求，缩短涉老案件审理时间，实行快立、快审、快结。加大对老年人的举证指导，积极提供帮助，提高老年人应诉、参诉能力。加强对经济困难老年人的司法救助，及时办理案件受理费的减、缓、免审批手续。对行动不便的老年人，提供预约立案、上门立案等服务，开展就近开庭、巡回审判等工作。在有条件的中基层人民法院设立“老年维权合议庭”，对老年人常见的婚姻、赡养、合同等纠纷，加大调解力度和教育引导，对于调解不成的，要在司法裁判中依法重点保护老年人合法权益。对虐待、遗弃老年人构成犯罪的，严格依法追究刑事责任。

（二）各级检察机关要在刑事、民事、行政检察工作中加强对老年人合法权益的保护，综合发挥惩治、预防、监督、教育、保护等职能作用。改进办案方式方法，对老年人控告、举报、申诉案件，要依法快速办理，缩短办理周期。进一步加大对侵害老年人合法权益的各类职务犯罪行为查办力度。贯彻宽严相济的刑事政策，在履行审查逮捕、审查起诉职能时，体现对老年人的特殊保护，做到依法少捕、慎诉、少羁押。依法保障老年犯罪嫌疑人的合法诉讼权利，逐步探索老年人强制辩护制度。积极发挥基层检察室作用，通过检察建议和纠正违法通知书等手段，督促派出法庭、派出所等加强老年法律维权工作。

（三）各级公安机关对老年人的申诉、报警和求助，要做到反应迅速、处置妥当。加大打击力度，依法惩处盗窃、诈骗、抢夺、敲诈勒索老年人财物和针对老年人的非法集资、电信网络诈骗、传销等违法犯罪行为。在交管、治安、户政、出入境等窗口单位完善老年人扶助举措，配置适老化设施设备，提供预约等照顾性服务。关注辖区内养老机构和服务设施，指导做好安全防范工作。依托基层派出所和警务室，大力宣传防火、防盗、防诈骗等常识，提高老年人风险防范意识和能力。

（四）各级民政部门要在社会救助体系和养老服务体系建设中逐步

提高老年人保障水平。完善城乡最低生活保障、特困人员救助供养、医疗救助和临时救助制度，确保符合条件的老年人应保尽保、应养尽养、应救尽救。建立和完善老年人福利制度，全面建立针对经济困难高龄、失能老年人的补贴制度。加快建设居家为基础、社区为依托、机构为补充、医养相结合的多层次养老服务体系。建立健全养老机构分类管理和养老服务评估制度，规范养老服务收费项目和标准。大力发展老年社会工作，通过政府购买服务等方式，支持引导社会工作专业力量在老年法律维权工作中发挥积极作用。发展志愿服务组织，壮大志愿者队伍，在城乡社区建立志愿服务站点，开展面向老年人的志愿服务。

（五）各级司法行政机关要把老年人作为法律援助工作的重点人群，推动进一步降低门槛，扩大老年人法律援助事项范围，逐步将法律援助对象扩展到低收入、高龄、空巢、失能等老年人。完善法律援助便民服务机制，简化手续、程序，加快办理速度。建立健全老年人法律援助服务网络，加强基层老年人法律援助工作站、联络点建设。加强“12348”法律服务热线建设，有条件的地方开设针对老年人的维权热线，实行电话和网上预约、上门服务等，方便老年人咨询和申请法律援助。加强对律师事务所、公证处、基层法律服务所、司法鉴定机构的管理和业务指导，积极为老年人提供诉讼代理及法律咨询、代书、调解、公证、司法鉴定等诉讼和非诉讼法律服务。发挥人民调解化解民间纠纷的作用，组织、指导广大人民调解组织及时化解涉及老年人的婚姻、继承、赡养等矛盾纠纷。

（六）各级老龄工作机构要充分发挥综合协调职能，组织相关部门共同做好老年法律维权工作。要结合《老年人权益保障法》的实施，积极协调相关部门加快推动出台或修订地方性法规和配套政策。要深入调查研究，积极建言献策，加大政策创制力度。要会同有关部门做好入住医养机构和接受居家医养服务老年人的合法权益维护工作。要进一步加强老年人优待工作，依法维护老年人享受社会优待的权利，逐步拓展同等优待范围。要进一步规范基层老年协会建设，强化其自我管理、自我教育、自我服务功能，发挥基层老年协会在调处家庭赡养等涉老矛盾纠纷方面的积极作用。

四、保障措施

（一）注重宣传引导。要把老年法律维权相关内容融入到人口老龄化国情教育和普法宣传教育之中，大力弘扬敬老养老助老社会风尚。各级老龄工作机构、人民法院、检察机关、公安机关、民政部门、司法行政机关要结合自身职责，依托各类媒体平台加大老年法律维权宣传力度。在敬老月、老年节期间，要广泛开展老年人维权、法律援助服务等现场咨询或宣传活动。要重视宣传《老年人权益保障法》等法律法规、优待政策和典型案例，提高全民法治意识和广大老年人依法维权意识。

（二）深化协作配合。要加强联系沟通，建立健全信息交流和定期沟通机制，安排有关人员负责老年法律维权工作的信息联络，有条件的地方可以建立联席会议制度和重大事项会商制度。要聚焦工作难点，探索开展老年人监护工作，推动农村留守老年人关爱服务体系建设，研究加强农村留守老年人法律维权工作的有效机制，深入开展老年公益维权服务示范站创建活动。有条件的基层组织和单位要指定专人或设立专门小组负责老年法律维权工作。

（三）加强调查研究。要坚持问题导向，通过调查研究梳理老年人维护自身权益的合理诉求，排查盲区和薄弱环节，明晰工作目标，改进工作方式，提升工作成效。要关注老年人的现实需求，不断拓宽信息获取渠道，广泛了解社情民意，发现苗头性、倾向性问题，及时回应社会关切。

（四）强化监督检查。要建立定期督查制度，经常对本系统、本单位开展老年法律维权工作情况进行检查并提出改进措施。各级老龄工作机构要按照《老年人权益保障法》相关要求，协同相关部门做好本地区老年法律维权工作的指导、督促、检查工作。各级人民法院、检察机关、公安机关、民政部门、司法行政机关要全力配合，确保监督检查不走过场、产生实效。

（五）完善激励措施。国家和省一级老龄工作机构要积极协调，组织开展老年法律维权工作先进集体或先进个人评选表彰。发挥榜样模范的示范引领作用，树立为老年人提供法律服务、法律援助和开展法治宣传的先进典型，激发和调动司法行政干部和法律服务工作者参与老年法律维权工作的积极性、主动性，形成全社会关心老年人、尊重老年人、扶助老年人的良好氛围。

全国老龄办 最高人民法院 最高人民检察院

公安部 民政部 司法部

2016 年 12 月 28 日

2022年度全国老年志愿服务十大新闻

2023年3月31日，中国老龄协会在京发布2022年度全国老年志愿服务十大新闻。

为深入贯彻落实习近平新时代中国特色社会主义思想和党的二十大精神，促进老年志愿服务工作高质量发展，营造全社会关心支持老年志愿服务的良好氛围，中国老龄协会委托人民网人民舆情中心按新闻热度筛选出2022年度老年志愿服务新闻报道50余篇，经专家评审，汇总并选定其中社会影响大、舆论导向好、宣传价值高的10篇作为2022年度全国老年志愿服务十大新闻。

1. 习近平总书记在辽宁考察时向老年志愿者了解社区开展为民服务情况

2022年8月16日至17日，中共中央总书记、国家主席、中央军委主席习近平在辽宁考察。期间，习近平总书记在沈阳市皇姑区三台子街道牡丹社区养老服务中心，向老年志愿者了解社区开展为民服务情况。

2. 党的二十大为老年志愿服务发展指明方向

2022年10月16日至22日，中国共产党第二十次全国代表大会在北京举行。习近平总书记作了题为《高举中国特色社会主义伟大旗帜为全面建设社会主义现代化国家而团结奋斗》的报告，强调“实施积极应对人口老龄化国家战略”，要求“完善志愿服务制度和工作体系”，为老年志愿服务发展指明方向。

3. 全国人大常委会调研组强调要积极开展“银龄行动”

2022 年 8 月 30 日，十三届全国人大常委会第三十六次会议听取常委会专题调研组《关于实施积极应对人口老龄化国家战略 推动老龄事业高质量发展情况的调研报告》，报告强调促进老年人老有所为，积极开展“银龄行动”。

4. 国务院关于加强和推进老龄工作进展情况的报告要求完善志愿服务政策措施

2022 年 8 月 30 日，十三届全国人大常委会第三十六次会议审议《国务院关于加强和推进老龄工作进展情况的报告》，报告要求完善志愿服务政策措施，深入开展“银龄行动”，引导老年人以志愿服务形式积极参与基层民主监督、移风易俗、民事调解、文教卫生等活动。

5. 教育部、财政部印发做好 2022 年银龄讲学计划有关工作通知

2022 年 6 月 24 日，教育部办公厅、财政部办公厅印发《关于做好 2022 年银龄讲学计划有关实施工作的通知》，招募 5000 名退休教师，深入县镇和农村学校讲学，充分利用退休教师优势资源，加强新时代乡村教师队伍建设。

6. 民政部等 10 部门印发文件鼓励志愿者、老党员、低龄健康老年人探访关爱特殊困难老年人

2022 年 9 月 27 日，民政部等 10 部门印发《关于开展特殊困难老年人探访关爱服务的指导意见》，鼓励志愿者、老党员、低龄健康老年人等探访关爱特殊困难老年人，落实“五社联动”机制，及时发现、有效防范、稳妥化解特殊困难老年人居家养老安全风险。

7. 有关部门和组织积极开展老年志愿服务活动

2022 年 8 月 18 日，文化和旅游部老艺术家文化志愿服务工程“公益讲堂”专区在国家公共文化云上线。2022 年 11 月 22 日，国家卫生健康委离退局和海南省卫生健康委共同启动第七轮“京医老专家智力帮扶海南”项目。2022 年 5 月 26 日，中国老科协印发通知，组织老科技工作者开展“银龄行动 科技为民”主题活动。

8. 中国老龄协会开展“银龄行动”20 周年系列活动

2022 年 7 月 14 日至 23 日，中国老龄协会在福建省龙岩市长汀县、连城县组织开展全国老年志愿服务暨“银龄行动”20 周年乡村振兴行活动。2022 年 9 月 25 日，中国老龄协会联合中央广播电视总台制作的《银发志愿者在行动》专题节目在“焦点访谈”播出，宣传全国老龄委组织开展的“银龄行动”。据介绍，全国“银龄行动”开展 20 年来，参与的老年志愿者达 700 万人次，开展援助项目 4000 多个，受益群众 4 亿多人次。

9. 北京市发布《北京市养老志愿服务工作指引》

2022 年 12 月 5 日，北京市委社会工委市民政局发布《北京市养老志愿服务工作指引》，明确养老志愿服务要以老年人需求为导向，低龄老年人将成为这项志愿服务的重要力量。

10. 上海市开展 2022 年度最美“老伙伴”志愿者及品牌“老伙伴”案例推选活动

上海市养老服务发展中心开展 2022 年度上海市最美“老伙伴”志愿者及品牌“老伙伴”案例推选活动，推选出最美志愿者 10 名，最美志愿者（提名奖）10 名，品牌案例 10 个，旨在推动以结对互助的方式，由低龄老年志愿者向高龄老年人提供家庭互助服务，开展预防失能、健康科普、精神慰藉等家庭关爱和生活辅助服务活动。

2023 年全国老年志愿服务十大新闻

2024 年 1 月 19 日，中国老龄协会在北京发布 2023 年全国老年志愿服务十大新闻。

为贯彻落实习近平总书记关于老龄工作的重要指示批示和党的二十大精神，促进老年志愿服务工作高质量发展，营造全社会关心支持老年志愿服务的良好氛围，中国老龄协会委托专家团队对 2023 年全国老年志愿服务新闻报道进行采集、筛选、评审，选定其中社会影响大、舆论导向好、宣传价值高的 10 篇作为 2023 年全国老年志愿服务十大新闻。

一、习近平总书记对志愿服务作出重要指示

2023 年 2 月 23 日，“把雷锋精神代代传承下去——纪念毛泽东等老一辈革命家为雷锋同志题词六十周年”座谈会在京召开，会上传达了习近平总书记的重要指示。习近平强调，新征程上，要深刻把握雷锋精神的时代内涵，更好发挥党员、干部模范带头作用，加强志愿服务保障和支持，不断发展壮大学雷锋志愿服务队伍，让学雷锋在人民群众特别是青少年中蔚然成风，让学雷锋活动融入日常、化作经常，让雷锋精神在新时代绽放更加璀璨的光芒，为全面建设社会主义现代化国家、全面推进中华民族伟大复兴凝聚强大力量。

二、中共中央、国务院印发《党和国家机构改革方案》，将志愿服务工作职责划入中央社会工作部

2023年3月，中共中央、国务院印发《党和国家机构改革方案》，明确组建中央社会工作部，将全国志愿服务工作的统筹规划、协调指导、督促检查等职责划入中央社会工作部。志愿服务工作纳入党的社会工作体系，充分体现了以习近平同志为核心的党中央对志愿服务工作的高度重视，对加强党对志愿服务的全面领导、完善志愿服务制度和工作体系，促进志愿服务高质量发展具有重要意义。

三、志愿服务法纳入全国人大常委会立法规划

2023年9月7日，十四届全国人大常委会公布立法规划，志愿服务法被列为“条件比较成熟、任期内拟提请审议的法律草案”的第一类立法项目之一。据悉，全国人大社会建设委员会具体负责法律草案的起草工作，将进一步开展调查研究，全面了解志愿服务领域的情况和问题，认真研究立法中存在的重点难点问题，抓紧起草完善法律草案，争取本届任期内提请全国人大常委会会议审议。

四、教育部等10部门印发《国家银龄教师行动计划》

2023年7月，教育部等10部门印发《国家银龄教师行动计划》，部署银龄教师支持普通高等教育、职业教育、基础教育、终身教育、民办教育五大行动。其目标：经过3年左右时间，银龄教师服务各级各类教育的工作体系基本健全，服务能力不断提升，数字化赋能银龄教师工作水平不断增强，开放灵活的线上线下支教方式不断完善，全国银龄教师队伍总量达12万人左右。

五、民政部等 3 部门组织开展 2023 年全国敬老养老助老公益广告作品征集暨展播，倡导老有所为

2023 年 11 月，民政部办公厅、广电总局办公厅、中国老龄协会综合部等 3 部门印发《关于开展 2023 年全国敬老养老助老公益广告作品征集暨展播活动的通知》。活动的主题内容之一是：践行积极老龄观、健康老龄化理念，着力引导全社会积极看待老龄社会，积极看待老年人和老年生活，充分挖掘宣传各行各业老有所为典型，发挥示范引领作用，引导老年人继续发光发热。

六、中国科协等 8 部门印发《关于加强新时代老科学技术工作者协会工作 更好发挥老科技工作者作用的意见》

2023 年 6 月，中国科协等 8 部门印发《关于加强新时代老科学技术工作者协会工作 更好发挥老科技工作者作用的意见》。《意见》提出，积极支持老科技工作者在为党和政府提供决策参考、提升全民科学素质、助力乡村振兴和企业创新、服务区域创新、建设人才强国等方面发挥作用，组建老科技工作者志愿队伍。

七、中国老龄协会开展全国老年志愿服务暨“银龄行动”乡村振兴行主题活动

2023 年 5 月 10 日至 19 日，中国老龄协会在河南省南阳市淅川县、邓州市开展全国老年志愿服务暨“银龄行动”乡村振兴行主题活动。樊代明院士领衔的 34 名专家志愿者参加，在当地 10 多家医院开展公益服务，举办讲座 46 场，接诊患者 4300 余人，开展示教手术 35 例，协调爱心企业捐赠价值 40 万元的医疗物资。

八、交通运输部有关司局开展互助养老志愿服务

2023年9月，交通运输部离退休干部局全面启动实施“交运时间汇”，以年轻活力退休干部服务高龄退休干部为主要形式，组织开展互助养老志愿服务，鼓励引导老同志发挥正能量、作出新贡献，探索推进养老志愿服务制度化规范化发展。

九、北京市深入推动互助养老志愿服务发展

北京市民政局、财政局、共青团北京市委印发《北京市养老志愿服务“京彩时光”工作规范（试行）》，搭建全市统一的养老志愿服务“京彩时光”信息平台，鼓励低龄老年人帮扶高龄老年人，建立健全“有能力时参与服务，有需要时兑换服务”的互助养老机制。

十、深圳市深入开展“银龄行动”

2023年，深圳市老科协、护士协会按照市卫健委、老龄办等单位的要求，深入开展2023年深圳援助广西“银龄行动”，招募选派医疗、教育领域专家志愿者共计78人次，分批到广西壮族自治区百色市田林县、河池市巴马县等地开展为期三个月的志愿帮扶活动。

结束语

为贯彻落实习近平总书记关于老龄工作和志愿服务的重要指示批示精神和党中央、国务院决策部署，助力实施积极应对人口老龄化国家战略，践行积极老龄观、健康老龄化理念，促进老年人社会参与，进一步发挥广大老年志愿者的积极作用，推进老年志愿服务工作深入发展，指导、帮助老年志愿者和老年志愿服务组织更好地开展志愿服务工作，推动老年志愿服务工作高质量发展，中国老龄协会编著了《老年志愿服务手册》（简称《手册》）。

《手册》的编写旨在总结老年志愿服务工作经验和启示，供老年志愿者和老年志愿服务组织参考，促进老年志愿服务规范化发展。《手册》主要分为业务知识篇和法规政策篇两部分。业务知识篇主要由人口老龄化与我国老龄工作、志愿服务与志愿服务精神、老年人参加志愿服务的意义和方法、老年志愿服务组织的发展和管理、老年志愿服务的主要方向和重点项目、中国港澳台地区及国外老年志愿服务发展状况组成；法规政策篇汇编我国老年人权益保障、老龄工作、志愿者服务等相关政策法规以及标准文件等。《手册》在编写时注重实用性和便捷性，语言简洁明晰，通俗易懂；形式和内容的设计方面，方便读者随手查阅。

自古至今，仁者乐善、行义助人是中华优秀传统文化的重要组成部分，“微光可成炬，大爱映苍穹”，愿该《手册》能给予广大读者启发与力量，使银发读者一起心手相牵，与祖国和时代同行共进，奏响老有所为新时代乐章。

本《手册》由中国老龄协会委托中国老年人才信息中心编写。在编写过程中，中国老龄协会领导给予了指导，权益保护部提出了修改建议，发挥了建设性作用。本书编写人员有：李伟、陈振华、王金龙、李强、任曦、李磊、刘泽宇、张晓明、龙玺、陈伟伟、段英、李静、向倩兰、周冰、高志伟等，特别感谢参与并提供帮助的各位专家、学者。编写组参阅了大量有关老年志愿服务的相关政策方针、法律法规、期刊报纸、书籍典藏等，在此，向相关媒体的各位作者、译者、编者致以诚挚的谢意。由于时间仓促，在《手册》编写方面难免有所纰漏，希望获得广大读者的指正。